सर दरख़्तों ने कटाए अपने

सर दरख़्तों ने कटाए अपने
तब शहर हमने बसाए अपने

शुभ चिंतन

कविताओं का यह संकलन मेरी माँ श्रीमती शशिबाला अग्रवाल और पिता स्वर्गीय श्री ज्ञानेंद्र अग्रवाल को समर्पित है।

प्रस्तावना

ग़ज़लों का संकलन है । इसकी भूमिका भी ग़ज़लों से सराबोर होनी चाहिए । ग़ज़ल दिलों में झांकने का वसीला है । दिल अपना हो, पराए का हो, निज़ाम का हो, दुनिया का हो या ख़ुदा का ही क्यों ना हो ।

वो हालात-ए-मुफ़लिस जिसे कोई नहीं देखता, उसे ग़ज़ल देखती है । वो आवाज़ें जिन्हें कोई नहीं सुनता, उन्हें ग़ज़ल सुनती है । वो इबारतें जिन्हें कोई नहीं पढ़ता, उन्हें ग़ज़ल पढ़ती है ।

गुमशुदा सदाओं की खोज ग़ज़ल का फ़र्ज़ है ।

इनमें पीड़ा के ज्वार आएँगे
तो ये बुत कहकहे लगाएँगे

अलग अलग हालातों में इसका अन्दाज़-ए-बयाँ देखिए ।

इंसानियत अभी भी एक कड़वी दवाई है,

लोग पीकर कहें, दूसरा दीजिए
रब इस इंसानियत को नशा दीजिए

अना पर वार,

ऊँचाई का सबने रखा, तू भी गुमान रख
बस मशविरा ये है कि निगह में ढलान रख

टिक गए थे घोंसले भूचाल में,
लेकिन ऊँचे दुर्ग जर्जर हो गए

जब अहम को जीत लें तब ही कहें
आप जीवन में मुज़फ़्फ़र हो गए

मंज़िल के लिए रख़्त नहीं इरादा चाहिए,

उड़ान के लिए दरकार है जुनूँ की भी
अर्श मिलता नहीं बस पंख निकल आने से

सांप्रदायिकता पर प्रहार,

रूह ने पा लिया ख़ुदा दुनिया
जिस्म कर दफ़न या जला दुनिया

निजामत और हुकूमत का सूरत-ए-हाल,

ग़र इस बुनियाद को बदलना है
तो बुलंदी को टूट जाने दो

क्यों बस आकाश जगमगाते हैं
हर धरातल पे धूप जाने दो

——

उजड़ीं हुईं दिखीं हैं कई माँगें राह में
शैतान कोई, खून से तलवार भर लिया

मेहनत की कमाई थी रियाया की जो, उसे
झोली में अपनी, मुल्क का ग़द्दार भर लिया

——

जंगल में शेर जो रहे दहाड़ते वो जब
दरबार में बैठे तो जियाले नहीं रहे

झोंपड़ी का सुख और महलों का दुःख,

ज़िन्दगी भर समेटते ही रहे
फिर भी पूरा सामान बिखरा है

झोंपड़ी ने सहेज कर रखा
महलों में ख़ानदान बिखरा है

और टूट कर गिरते हुए पत्तों के लिए कुछ पंक्तियाँ,

डाल पे है तो हर्फ़ भर है बर्ग
टूट जाता है तो कहानी है

सिर्फ़ एक मर्तबा लिखा मैं गया
बाद में तो बस तर्जुमानी है

आईए एक और बज़्म में शिरकत करें ।

शुभ चिंतन
सितम्बर, 2022

अनुक्रमणिका

1

साहिल को किसी ने कभी हमदम नहीं समझा

साँसों को अशरफ़ी से कभी कम नहीं समझा
हमने हयात-ए-ग़म को कभी ग़म नहीं समझा

मैं क्यो ना करूँ शुक्रिया तुझ से हस्सास का
पलकों पे अश्क़ को तूने शबनम नहीं समझा

तहलील गई होती समंदर में हर नदी
साहिल को किसी ने कभी हमदम नहीं समझा

वो खोजता रहा मेरी तल्ख़ी के सबब को
उसने मेरे मिज़ाज का मौसम नहीं समझा

हमने दिया ज़ेहन तुझे दर्जा वज़ीर का
लेकिन तुझे वज़ीर-ए-आज़म नहीं समझा

2

टूटे पत्तों की शुमारी में हूँ

टूटे पत्तों की शुमारी में हूँ
लोग कहते हैं बीमारी में हूँ

जिस में बैठी है परायी दुल्हन
मैं उस डोली की कहारी में हूँ

ढूँढता हूँ मैं पनाहें सब में
मैं बशर ख़ुद से फ़रारी में हूँ

मय तो तलवारों ने पी है, श्मसान
कहता है मैं भी खुमारी में हूँ

तू मदारी सा लगे है मुझको
मैं, ख़ुदा, तेरी पिटारी में हूँ

प्रेम की देवी ज़रा गौर तो कर
मैं हूँ प्रेमी, मैं पुजारी में हूँ

3

है 'गीता' जिसका नाम वो तो इतिहास में दृश्य अकेला था

कहने को वो इक मेला था
लेकिन हर शख़्स अकेला था

आकाश में हमको चाँद दिखा
करता हुआ रक़्स अकेला था

है 'गीता' जिसका नाम वो तो
इतिहास में दृश्य अकेला था

ठाकुर जी रथ पर विरजे थे
और साथ में भक्त अकेला था

पहुँचे परलोक तो ये जाना
रब भी हर वक़्त अकेला था

क्या मंजर था क़ब्रिस्तां का
हर मुर्दा मस्त अकेला था

मेरा हासिल तो था सबका
मेरा संघर्ष अकेला था

फ़ितरत से आवारा बादल
नभ पे सरगश्त अकेला था

4

तुझको देखें तो सहर होती है

रात कब संग गुजर होती है
तुझको देखूँ तो सहर होती है

तुमसे ख़्वाबों में मुलाक़ात हुई
कैसे दुनिया को खबर होती है

ज़िन्दगी को मुक़ाम मत समझो
ज़िन्दगी सिर्फ़ डगर होती है

मेरे सन्नाटे पे मायूस ना हो
हर समंदर में लहर होती है

हमसे शमसीर ने पूछा, तुझ में
कौन सी चीज़ सिपर होती है

हम ग़रीबों की तमन्ना का क्या
वो तो बस काँच का घर होती है

उम्र की रेत में तहलील हो जो
ज़िन्दगी ऐसा गुहर होती है

—◆—

सिपर = ढाल

5

सिर्फ़ एक मर्तबा लिखा मैं गया

ये जो कदमों में डगमगाहट है
ये इरादों की ना-तवानी है

डाल पे है तो हर्फ़ भर है बर्ग
टूट जाता है तो कहानी है

चाँद कहता है, दाग चेहरे के
उसके अस्तित्व की निशानी है

ज़िन्दगी नींद में मसर्रत है
जागते हैं तो सरगिरानी है

सिर्फ़ एक मर्तबा लिखा मैं गया
बाद में तो बस तर्जुमानी है

तीर को मिल गई सजा जबकि
असली कातिल यहाँ कमानी है

———◆———

मसर्रत = ख़ुशी
सरगिरानी = परेशानी, चिंता
ना-तवानी = कमजोरी

6

आस्तीनों में सरसराहट है

बादशाहों को ये शिकायत है
आस्तीनों में सरसराहट है

ये जो कदमों में नज़र आती है
ये इरादों की लड़खड़ाहट है

हम भरोसे पे बिक गए, अपनी
आज़माहट ही आज़माहट है

दिल में तारीकियों की बस्ती है
लेकिन चेहरों पे जगमगाहट है

हर तबस्सुम से पूछता हूँ मैं
तू है चाहत या बस सजावट है

टूटे पत्तों ने ये कहा हमसे
डाल पे ज़्यादा छटपटाहट है

दिल को नादाँ ना समझना ज़ेहन
दिल की अपनी भी इक जेहानत है

इस यक़ीं पे मैं क़त्ल होता गया
अब तो अगला मुक़ाँ क़यामत है

7

रूह सैलाब में तर जाएगी

ये मोहब्बत की तेज-रौ कश्ती
जिस्म की हद से गुज़र जाएगी

बाँध तोड़ेगा इश्क़ का दरिया
रूह सैलाब में तर जाएगी

रू-ब-रु आईने के हो जा खड़ा
रब की सृष्टि पे नज़र जाएगी

कल सियासत से कह दिया हमने
आईना देखे तो डर जाएगी

शब ने कुम्हार बन तराशा हमें
तोड़ कर शाम ओ सहर जाएगी

आज तो बाद-ए-सबा ज़िद पे है
रख के माथे पे अधर जाएगी

पाक नज़रें अगर मुसाफ़िर हैं
रूह तक राहगुजर जाएगी

ग़र जो दरिया में है चाहत तो फिर
आग पानी में उतर जाएगी

8

हर धरातल पे धूप जाने दो

लब की डालों को कंपकंपाने दो
लफ़्ज़ के बर्ग टूट जाने दो

अपनी दहलीज़ से हमें जानाँ
हो के ना बे-वजूद जाने दो

तीर जो थाम रखा है कब से
अब कमानी से छूट जाने दो

हमको सैलाब देखना है तेरा
यूँ नदी को ना सूख जाने दो

ग़र इस बुनियाद को बदलना है
तो बुलंदी को टूट जाने दो

क्यों बस आकाश जगमगाते हैं
हर धरातल पे धूप जाने दो

बर्ग = पत्ता

9

ख़ामोश ज़बानें हैं, निगाहें सवालिया

कुछ इस तरह की शक्ल का है दौर-ए-हालिया
ख़ामोश ज़बानें हैं, निगाहें सवालिया

मैं मानता हूँ सच्ची उड़ाँ उस प्रयास को
खुद को नज़र में अपनी जब ऊँचा उठा लिया

हासिल ना हुआ जंग के रस्ते से जो मुक़ाम
वो हमने मोहब्ब्बत का सफ़र कर के पा लिया

दम तोड़ ही गया हमारा ज़ब्त आख़िरश
हमने उन्हें दहलीज़ से वापस बुला लिया

हुण्डी भरी हुई रखी है ताख ताख में
मैं जा रहा हूँ लौट के होकर दिवालिया

10

इस दिल के द्वार पे कभी ताले नहीं रहे

उल्फ़त के चिराग़ों में उजाले नहीं रहे
बातों में उनकी मेरे हवाले नहीं रहे

चढ़ चढ़ के बोलते हैं उनके सर पे ताज ये
तलवों में जिनके आज तक छाले नहीं रहे

मैंने भी कर दिया नज़र - अंदाज जब उन्हें
दुनिया की निगाहों में भी भाले नहीं रहे

होना ना परेशाँ कभी चाबी के लिए तुम
इस दिल के द्वार पे कभी ताले नहीं रहे

जंगल में शेर जो रहे दहाड़ते वो जब
दरबार में बैठे तो जियाले नहीं रहे

— ◆ —

जियाले = बहादुर

11

तंगदस्ती समा'अतों की है

तंगदस्ती समा'अतों की है
वरना इक बुत में भी गोयाई है

क्यों तुम बुनियाद बेचते हो, जहाँ
बस बुलंदी की पजीराई है

मैंने दस्तक नहीं सुनी तो उमर
मुझ तक, दहलीज़ लाँघ, आई है

फ़ासलों को ना गुनहगार बता
ये इरादों की ना-रसाई है

मैं वो सादा लिबास हूँ जिसको
ज़िंद गफ़लत में पहन आई है

महफ़िलें ओढ़ता नहीं हूँ मैं
मेरी पोशाक तो तन्हाई है

हुकुम के बोलने से पहले ही
सब गुलामों की हमनवाई है

जब से गुल्लक बनी तिजोरी तो
हर तमन्ना सजी सजाई है

समा'अत = सुनने की शक्ति; गोयाई = बोलना
रसाई = पहुँच; हमनवा = सहमत

12

कतरा है आशकार, समंदर पिन्हान है

कतरा है आशकार, समंदर पिन्हान है
ज़र्रे की ओट में छुपा हुआ वितान है

ये आज की बुलंदियों को ध्यान में रहे
माज़ी तो उनकी नींव में ही विद्यमान है

मेहराब की जेबाइशों पे गौर ना करें
भीतर अभी तलक वो पुराना मकान है

एक-आध हो तो दें भी मसीहा को सदाएँ
ज़ख़्मों का अपने पास बड़ा ख़ानदान है

ये आज कल के आदमी की बात क्या करें
मज़मून से बड़ा तो यहाँ पर उनवान है

तेरे लरजते होंठ बयाँ कर रहे हैं ये
इस प्रेम के पंछी में अभी शेष प्राण है

———•———

माज़ी = अतीत; आशकार = प्रकट; पिन्हान = छुपा हुआ,
वितान = विस्तार; जेबाइश = सजावट; उनवान = शीर्षक

13

चेहरों पे आदमी की वजाहत नहीं मिलती

हर दिल में झांकने का हुनर सीखिए जनाब
चेहरों पे आदमी की वजाहत नहीं मिलती

भाते नहीं हैं इश्क़ को लफ़्ज़ों के क़सीदे
महबूब की आँखों में ग़र चाहत नहीं मिलती

सजदे तो हज़ारों हैं हुकुम तेरे हरम में
लेकिन किसी सजदे में इबादत नहीं मिलती

मंज़िल जिसे हमेशा सगा मानते रहे
जब रू-ब-रु हुए तो शबाहत नहीं मिलती

आँखों से अश्क़ होके निकल आते हैं जज़्बात
होंठों से ग़र हिजरत की इजाज़त नहीं मिलती

दिल की तो बात छोड़िए, शहर-ए-नक़ाब में
नज़रों को दीद के लिए सूरत नहीं मिलती

—————•◆•—————

वजाहत = विवरण
शबाहत = शक्ल सूरत

14

ना हमको परखिएगा बदलते मे'यार पे

छोड़ा है हमने ख़ुद को तेरे इख़्तियार पे
ना हमको परखिएगा बदलते मे'यार पे

उम्मीद है, हसद की आँधियाँ ना चलेंगी
दीया जला के रखा है हमने मज़ार पे

खामोशियों के कर दी हवाले यूँ ही उमर
वो दौड़े चले आए मेरी एक पुकार पे

ये दिल है, संगमरमरी महल तो नहीं है
मैं दाँव लगाऊँगा यहाँ इन्तशार पे

ईमान की अफजाई का अपना ही नशा है
चढ़ता नहीं खुमार कोई इस खुमार पे

कैसे करें यक़ीन तुम्हारे दयार पे
शक्लें गईं हैं जिसमें दरों की, दीवार पे

<hr>

मे'यार = कसौटी

इन्तशार = बिखराव

15

दर्द अब चेहरे पे तहरीर हुआ जाता है

दिन ब दिन और भी शरीर हुआ जाता है
दर्द अब चेहरे पे तहरीर हुआ जाता है

है ज़रूरी बड़ा, कलियों को सिखाया जाए
कैसे बरवक्त एक शमसीर हुआ जाता है

पास आता हूँ तो दीवार खड़ी करता है
दूर जाता हूँ तो ज़ंजीर हुआ जाता है

दिल जो ख़ुशियों को किराए पे भी ना रहने दे
दर्द की मुफ़्त में जागीर हुआ जाता है

है तेरा पास ग़र बीनाई तो मालूम है मुझे
कैसे औराक पे तस्वीर हुआ जाता है

———•———

बीनाई = दृष्टि

औराक = पन्ने

16

तुमको पाकर भी तुम्हारा ही इंतज़ार रहा

हमको एहसास ख़िज़ाँ का सर-ए-बहार रहा
तुमको पाकर भी तुम्हारा ही इंतज़ार रहा

जिसकी तारीफ़ में पढ़ दी मैंने ग़ज़ल अपनी
वो हुस्न रात भर दर्पन में गिरफ़्तार रहा

जिसने मकतूल की चीख़ों को ना सुना कस्दन
शख़्स वो भी तो क़त्ल का ही गुनहगार रहा

जिसकी हमदर्दी को वो इश्क़ समझ बैठी थी
वो फ़र्द तो पूरी दुनिया का ग़म-गुसार रहा

ना उसे भूल सके ना ही याद कर पाए
वो तो दहलीज़ पे रहा, ना आर पार रहा

मुझको यूँ अपना गुनहगार बताने वाले
कब मेरा तुझ पे एक पल भी इख़्तियार रहा

— • —

कस्दन = जानबूझ कर

17

आज नज़रों से गुफ़्तगू होगी

मैं मुसाफ़िर हूँ, मैं ही मंज़िल हूँ
ये मसाफ़त भी अब शुरू होगी

मेरी हस्ती तो मेरी हस्ती है
हुक्मरानों के बा-वजू होगी

ना पता था कि इन पैमानों को
एक समुन्दर की जुस्तजू होगी

आज ख़ामोश रहेंगे ये लब
आज नज़रों से गुफ़्तगू होगी

मैंने ग़र सिर झुका दिया तो हुकुम
तेरे कदमों में आबरू होगी

हर बुलंदी को ये भी ख़्याल रहे
ज़लज़लों की वो आरज़ू होगी

तू मेरी सिर्फ़ मोहब्बत ही नहीं
तू मेरी नज़्म, तू जुनूँ होगी

वस्ल का नाम रख दिया कोयल
देखें अब कब कुहू कुहू होगी

मसाफ़त = सफ़र

18

दैर अब राम जी का बना दीजिए

मेरी तिश्ना-लबी को बहला दीजिए
कोई बादल रुई का बना दीजिए

इम्तिहाँ पास करना मेरा काम है
आप खुद को वज़ीफ़ा बना दीजिए

शीशे करने लगे रब से फ़रियाद ये
हमको दिल ना किसी का बना दीजिए

ये जनाज़ा है, जलसा नहीं दोस्तों
थोड़ा माहौल फीका बना दीजिए

हिंद को देख कर शम्स कहने लगा
मुझको टुकड़ा जमीं का बना दीजिए

कब से आँखों में सपना संजोए हैं हम
दैर अब राम जी का बना दीजिए

———•———

दैर = मंदिर

शम्स = सूरज

19

ये है बाज़ार, सियासत का घर जमाई है

ये चंद लोग जो ग़मग़ीन हैं जनाज़े पे
तमाम ज़िन्दगी की बस यही कमाई है

दिन, दोपहरी, सहर शैतान के मानिंद रहे
रात आकाश से परियों सी उतर आई है

आज हम तख़्त से उतरे तो बे-नक़ाब है तू
आज दुनिया तुम्हारी रस्म-ए-मुँह दिखाई है

आईए आपका त'आरूफ तो करायें इन से
ये है बाज़ार, सियासत का घर जमाई है

तुमने हासिल करी हैं सस्ती महफ़िलें केवल
हमारे पास बड़ी क़ीमती तन्हाई है

मेरे घर ताज को सर से उतार कर आना
मेरे घर पाँव के छालों की पज़ीराई है

———•◦•———

पजीराई = स्वीकृति

20

जिस्म था क़ैद, तसव्वुर उड़ान भरता रहा

जिस्म था क़ैद, तसव्वुर उड़ान भरता रहा
क़ैदी आँखों में नये आसमान भरता रहा

जंग जारी थी, उजड़ती रही बस्ती लेकिन
मुर्दा जिस्मों से मुसलसल मसान भरता रहा

समाजवाद में भूखी रही अवाम मगर
खूब छक के शिकम को ताज़िरान भरता रहा

मेरे पड़ोस में तनहा गुलाब रहता था
उसकी ख़ुशबू से मेरा ख़ियाबान भरता रहा

ये इनामात, लक़ब, ख़ासियत भरे ओहदे
नक़ली सामान से ख़ाली मकान भरता रहा

अपने गोशों में मैं दोनों जहान भरता रहा
इस तरफ़ आरती, उस में अजान भरता रहा

—————•◆•—————

लक़ब = पदक, शिकम = पेट

21

हम समुन्दर से रहे साहिलों की बस्ती में

इन किनारों से बंधी कश्तियों संग मस्ती में
हम समुन्दर से रहे साहिलों की बस्ती में

घड़ी घड़ी तो तसव्वुर में ये ख़लिश ना थी
बड़ा सुकून था ख़्यालों की तंगदस्ती में

मैं वो दरिया हूँ जो सागर में ना मिला जाके
मेर वजूद को ना ढूँढ अपनी हस्ती में

बड़े जहाज़ ने मुझको जब डुबोया तो मुझे
सदा पनाह मिली काग़ज़ों की कश्ती में

देखो चिराग-ए-फ़रोजाँ के डर से जाने लगी
शब-ए-स्याह हवाओं की सरपरस्ती में

22

रोकता भी नहीं मुझको और रवाँ करता नहीं

बस समरदार दरख़्तों की क़सीदा-गोई
इससे ज़्यादा मैं जमाने को बयाँ करता नहीं

कब तलक चाह की दहलीज़ पे ठहरुं तेरी
रोकता भी नहीं मुझको और रवाँ करता नहीं

मुझ को परवाना, दर्द खुद को समझता है शमा
जलता रहता है कलेजे में, धुआँ करता नहीं

मेरी यादों में इक मासूम कली रहती है
ख़्याल रखता हूँ मुकम्मल पर जवाँ करता नहीं

शम्स-ए-इश्क़ का ढलता हुए चेहरा देखूँ
हमको दामन में सुलाता है, हवा करता नहीं

23

दर्द तो दिल में बिता पूरी उमर जाता है

छोड़ के कौन यूँ ही मुफ़्त का घर जाता है
दर्द तो दिल में बिता पूरी उमर जाता है

मुझको वीरान पड़ी राह बताओ कोई
इस तरफ़ हो के तो सारा ही शहर जाता है

कभी दर पे भी तो दस्तक की अदा कर दे रस्म
पासबानों से मेरी ले के खबर जाता है

मेरे लब से एक सदा की रही उम्मीद उसे
जाते जाते हुए देहरी पे ठहर जाता है

आज सय्याद से बुलबुल को मोहब्बत थी हुई
आज ही जाल को सय्याद कतर जाता है

पासबान = चौक़ीदार

24

कि जो नज़ीर बने वो निज़ाम पेश करो

मैं सियासत हूँ, मुझे एहतराम पेश करो
कबा में जल रहा बदन, हमाम पेश करो

एक फ़िकरे में 'तिजारत' बयान करता हूँ
जो बुलबुले हैं उन्हें भी दवाम पेश करो

ये दीनी और सियासत की बेसुरी बातें
आज तो बज़्म में उम्दा कलाम पेश करो

एक सूफ़ी ने शहंशाह को हुक्म फ़रमाया
कि जो नज़ीर बने वो निज़ाम पेश करो

तख़्त-नशीन चिराग़ों ने कहा सूरज से
कि तुम दरबार में आकर सलाम पेश करो

दवाम = स्थायित्व

25

कब्र में खिलखिलाते जाएँगे

मुसाफ़िर जीस्त के, रख़्त-ए-सफ़र में
नफ़े के साथ घाटे जाएँगे

ये सारे शोर हरजाई हैं, लेकिन
कब्र में संग सन्नाटे जाएँगे

बुलंदी है नहीं मंज़ूर हमको
अगर जो पेड़ काटे जाएँगे

हमें तुम ढूँढते आओ, नक़्श हम
इन राहों पे बनाते जाएँगे

पराए हो गए हो गुल भले तुम
तुम्हें ख़ुशबू से पाते जाएँगे

वो मेरे हमसफ़र हैं पर हमें वो
सफ़र में आज़माते जाएँगे

निभाओ तुम रस्म नौहे की हम तो
कब्र में खिलखिलाते जाएँगे

— • —

नौहा = विलाप

26

दीये की जेहनियत, तारीकियाँ बताती हैं

शाहराहें तो सिर्फ़ मरहले दिखाती हैं
सफ़र क्या होता है पगडंडियाँ बताती हैं

लौट ना जाना अगर दर को बंद पाओ तो
दिलों का हाल खुली खिड़कियाँ बताती हैं

मैंने हवाओं से पूछा फ़ज़ा का रंग तो वो
करके सरगोशी, उसे इश्किया बताती हैं

कौन समझेगा कशमकश महान साधु की
स्वर्ग की परियाँ जिसे माहिया बताती हैं

मुफ़लिसों को हमारा इम्तिहान लेने दो
दीये की जेहनियत, तारीकियाँ बताती हैं

<hr>

तारीकियाँ = अंधेरे

27

कोई मौजू हो दूसरा तो आओ बात करें

ये सियासत के, मजहबों के बेमानी मुद्दे
कोई मौजू हो दूसरा तो आओ बात करें

ख़ुदा, हबीब, दुश्मन और दुनिया वालों
मैं हूँ तनहा, बारी बारी से सवालात करें

एक दिन ख़्वाब में आकर ये हमें बतलाओ
कब तलक तुमको लकीरों में यूँ तलाश करें

ये खामोशियों के नश्तर नहीं सहे जाते
क्यों ना हम आप बोल बोल के फ़साद करें

रस्मिया तौर से महफ़िल में आ गए हैं हम
क्या ज़रूरी है कि सभी से मुलाक़ात करें

आईए मिल के इन पौधों को पिलायें पानी
आज एक कार-ए-सवाब साथ साथ करें

28

नए सबक़ पुराने दरस से निकले हैं

जो उनके हाथ से पंछी कफ़स से निकले हैं
आज सय्याद कुछ अपनी हवस से निकले हैं

आपने ग़ैर का दामन पकड़ लिया तो अब
हम भी जैसे इक बड़ी कशमकश से निकले हैं

ये तजरबात की किताब जितनी बार पढ़ी
नए सबक़ पुराने दरस से निकले हैं

उम्र छलनी में निचोड़ी तो ज़िन्दगी तेरे
ना चार दिन भी मुकम्मल, बरस से निकले हैं

हुक्मराँ भर हैं जो जनता के मत से निकले हैं
यहाँ के असली शहंशाह तो मठ से निकले हैं

29

हैसियत बदली तो गुनाह भी सवाब हुए

आज हम कू में गए तो ना बंद बाब हुए
हैसियत बदली तो गुनाह भी सवाब हुए

आईनों में तलाशते रहे सबब इसका
हमसे मिलने के लिए आप जो बेताब हुए

नक़ाब चेहरा तो उनका छुपा गया लेकिन
वो अपनी चाल के लहजे से बेनक़ाब हुए

ना सियासत के मिज़ाजों का पता लगता है
कब सर के ताज थे, कदमों में कब जुराब हुए

वो शहंशाह के गुलदस्ते में असीर रहे
लेकिन ख़ुशबू से हज़ारों को दस्तयाब हुए

–•–

असीर = क़ैदी

30

मेरे काँधे पे सर को रख के सो गया है कोई

जो हम पे ख़त्म हो ऐसा भी रास्ता है कोई
मेरे वजूद में मंज़िल तलाशता है कोई

ये माँ के होंठ मुसलसल जो फड़फड़ाते हैं
ये और कुछ नहीं, मेरे लिए दुआ है कोई

तेरे ख़्याल तो तनहा नहीं रहने देते
तुम्हारे पास तुम्हारी भी क्या दवा है कोई

मेरा मुक़ाम आ गया पर सफ़र जारी है
मेरे काँधे पे सर को रख के सो गया है कोई

नहीं बवाल, पर सुकूत डराता है मुझे
ज़लज़ला जैसे वहाँ ओट में छुपा है कोई

31

ना जंगलों की लाश पे शहर बनाएँगे

तुम सवालों को ग़र तलवार बनाओगे तो
हम खामोशियों को अपनी सिपर बनाएँगे

संगमरमर के महल की हुई तामीर, अब हम
इस महल में कोई काग़ज़ का घर बनाएँगे

वो ख़रीदार हैं मुरझाए हुए फूलों के
कहते हैं उनसे वो ताज़ा ख़बर बनाएँगे

सुर्ख़ होते हुए चेहरे की नुमाइश मत कर
लोग देखेंगे तो दिल में ज़हर बनाएँगे

अब तो बस फ़ैसला करना है मेरे यार हमें
कि ये दीवार ढहा दें या दर बनाएँगे

हम से कहती है धरा, एक शपथ लेने को
ना जंगलों की लाश पे शहर बनाएँगे

—◆—

सिपर = ढाल

32

चाहने भर से ही ना कोई आस पास हुआ

मैं था उदास तो कोई भी ना उदास हुआ
मेरे को देख के बस आईना उदास हुआ

अदम के रास्ते पे क़ाफ़िले गए मिलते
ये वो सफ़र था जो औरों के साथ साथ हुआ

मैंने ख़ुद में ख़ुदा की जब अलामतें पाईं
नज़र में जो भी गिरा शख़्स रु-शनास हुआ

वीरान राह पे साथी तलाशने वालों
चाहने भर से ही ना कोई आस-पास हुआ

हम को पाकर कोई मंज़िल ना शादमान हुई
हम को खोकर ना कोई रास्ता निराश हुआ

तुम मेरे साथ तो केवल उसी सफ़र में रहे
जो सफ़र मेरा तुम्हारी महवे तलाश हुआ

33

प्रेम कहती हो जिसे, बंदगी सा लगता है

वो दस्तयाब हो के अजनबी सा लगता है
मेरे दामन में ख़ुदा आदमी सा लगता है

मैं बागबाँ भी कभी था मुझे तो याद नहीं
क्यों हर दरख़्त में चेहरा हमीं सा लगता है

अब समरदार हो गया है एक दरख़्त यहाँ
प्यार का रिश्ता उसे मौसमी सा लगता है

काश मीरा से कन्हैया ने कह दिया होता
प्रेम कहती हो जिसे, बंदगी सा लगता है

मेरी बुलबुल ने नया आसमान माँगा है
कहती है आसमाँ ये तो जमीं सा लगता है

34

जो दर्द एक दफ़ा मिला, कभी जुदा ना हुआ

लूट के ले गईं बज़्में मेरी तन्हाई को
मैं अपने क़ीमती ज़ेवर का पासबाँ ना हुआ

जो भी सुरूर थे एक रात के मुसाफ़िर थे
जो दर्द एक दफ़ा मिला,कभी जुदा ना हुआ

वो दुश्मनों का करेगा मुक़ाबला कैसे
जिस का खुद से कभी कोई मुक़ाबला ना हुआ

हज़ार बार हम एक रास्ते से गुजरे हैं
नज़रें बावक्त झुकीं और सामना ना हुआ

सर उठाते हुए रावण हमें जताते हैं
सिर्फ़ पुतलों को जलाने से वो फ़ना ना हुआ

ज़मीं को छोड़ परिंदे, उड़ान भर अपनी
अभी तलक तो तकसीम आसमाँ ना हुआ

नए मुक़ाम उसी रहरवा ने ढूँढे हैं
जो कि तनहा चला, हिस्सा-ए-कारवाँ ना हुआ

35

ये जो जंगल हैं सभी, आदमी के लगते हैं

राह में चेहरे तो सब अजनबी के लगते है
पर जो दरख़्त हैं अपनी गली के लगते हैं

एक हिरन शहर शहर घूम कर खुद से बोला
ये जो जंगल हैं सभी, आदमी के लगते हैं

आप कहते हैं कि पूजा है,इबादत है यहाँ
लेकिन माहौल तो तनातनी के लगते हैं

इसी गली में दैर भी है, हरम भी है मगर
ये नज़ारे तो किसी छावनी के लगते हैं

राजदरबार में शिरकत है ताज़िरानों की
सिक्के चलते यहाँ महाजनी के लगते हैं

36

रूह थोड़े उधार रखनी है

रख, तुझे ग़र तलवार रखनी है
मुझे सर पे दस्तार रखनी है

सिर्फ़ ओहदों और मनसबों के लिए
रूह थोड़े उधार रखनी है

भले मंज़िल को पा लिया मैंने
फिर भी कदमों में धार रखनी है

मुझको हर अगले मुसाफ़िर के लिए
राह भी बरकरार रखनी है

शायरी मेरी मोहब्बत है, मुझे
वो पस-ए-इश्तिहार रखनी है

मेरी आँखों में बुलंदी है, मुझे
नींव उसकी तैयार रखनी है

— ⋅•⋅ —

पस-ए-इश्तिहार = जिसका इश्तिहार ना हो

37

आरियाँ सब हैं बेलगाम यहाँ

ना लेना घोंसलों का नाम यहाँ
आरियाँ सब हैं बेलगाम यहाँ

दर्द दिल में पहुँच के कहते हैं
हो गया पक्का इंतज़ाम यहाँ

वो हरम है तो ये हुआ दरबार
वहाँ सजदे तो कर सलाम यहाँ

तेरी आँखों से सना बरसे तो
करे मंजर हंसी क़याम यहाँ

दाद का आब, खाद डालो तो
हो शगुफ़्ता कोई कलाम यहाँ

पैरहन चुभ रहे सियासत को
पूछती है, कहाँ हमाम यहाँ

लौट के ख़ाली हाथ जाना था
क्यों किया यकजा तामझाम यहाँ

बेच कर रूह दाम दाम यहाँ
कर रहे लोग राम राम यहाँ

—•◆•—

सना = तारीफ़

38

शाहिद थे जुल्म के मगर तटस्थ रहे हम

दस्तार सर पे रख के तंगदस्त रहे हम
दुनिया तेरी निगाह में शिकस्त रहे हम

पूछा गया अदम में तो हमने ये कह किया
कंगाल रहे लेकिन मस्त मस्त रहे हम

बस एक फ़क़त मलाल रहा ज़िंदगी में ये
शाहिद थे जुल्म के मगर तटस्थ रहे हम

सूरज की तरह महफ़िलों में रोज़ उगे तो
तनहाइयों में ढल के रोज़ अस्त रहे हम

तुम को मैंने हमेशा हृदय में रखा प्रभु
पर रस्म निभाई को बुतपरस्त रहे हम

39

सुन के सरगोशियाँ फ़ज़ाओं की

हमको लगती हैं महफ़िलें, जैसे
हाट हों नक़ली भावनाओं की

आईं तनहा चिराग़ से लड़ने
देखिए फ़ौज इन हवाओं की

देवदासी है फिर भी क्यों ना हो
कोई तो हद इन वर्जनाओं की

ये भटकना तो मेरी फ़ितरत है
ना कमी है मुझे पनाहों की

इत्तिला कर मेरे शिकारी को
है खबर मुझको कर्मींगाहों की

जंग ने तोड़ दिया दम लेकिन
साँस चलती रही कराहों की

झूमते देखे हैं दरख़्त मैंने
सुन के सरगोशियाँ फ़ज़ाओं की

मेरे कातिल में दिख गई मुझको
शक्ल मेरे ही मसीहाओं की

कर्मींगाह = जहाँ से तीर चलाया जाता है

40

इस तसव्वुर में ज्वार भाटे हैं

ये तसव्वुर भी एक समुन्दर है
इस तसव्वुर में ज्वार भाटे हैं

तूने इंसान ना समझा जिनको
वही तुझ को ख़ुदा बनाते हैं

राह वीराँ लगे बेदारी में
क़ाफ़िले बेख़ुदी में आते हैं

एक वाहिद फ़र्द को ज़िंदगी भर
हज़ारों लोग आज़माते हैं

तू भी साजन निहारता है जब
आईने तब हमें सुहाते हैं

चंद लम्हों का सुकूँ हो जा तू
पूरे दिन तो ये मुश्किलातें हैं

चाँद तुझ को तो छुप के रहना है
या तो बादल हैं या कनातें हैं

इन्हीं राहों पे कल जनाज़े थे
इन्हीं राहों पे अब बारातें हैं

———•—

फ़र्द = व्यक्ति

41

ये कली और भी खिलती गई रुसवाई में

क्या रखा है ये हज़ारों से शनासाई में
बज़्म के बीज बो दिए मैंने तन्हाई में

खेलते खेलते लहरों से आपके दिल की
हम गए डूबते, बेसाख़्ता, गहराई में

इस कदर एक दूसरे में तहलील थे वो
फ़र्क़ हम कर ना सके लाज ओ रानाई में

आपने ओट तो लेने की बड़ी कोशिश की
पर हम पहचानते रहे तुम्हें परछाई में

एक दिन तू बहुत अफ़सोस करेगी दुनिया
ये कली और भी खिलती गई रुसवाई में

42

डर समंदर का, समंदर ही दूर करता है

साहिल जी जान से कोशिश ज़रूर करता है
डर समंदर का, समंदर ही दूर करता है

शेर जंगल से जब दरबार में आ जाता है
फिर वो बस जी हुज़ूर जी हुज़ूर करता है

माना कि बाजुए ताक़त भी लाज़िमी है पर
जीत हासिल तो जुनूँ ओ फ़ितूर करता है

इश्क़ करने चले हो, दिल दुरुस्त कर लेना
इश्क़ कमजोर दिल को चूर चूर करता है

मैं जिसे मानता रहा मेरा रक़ीब ,वो तो
आज मालूम हुआ, मुझ पे गुरूर करता है

43

सर दरख़्तों ने कटाए अपने

सर दरख़्तों ने कटाए अपने
तब शहर हमने बसाए अपने

देर कर दी तो कल को घूमेंगे
हम जनाजों को उठाए अपने

जारी रखा सफ़र अंधेरों का
कर दिए साये पराए अपने

हमने हक़ की हर एक जंग लड़ी
पर सभी फ़र्ज़ भुलाए अपने

जिसने आब ओ हवा दिए हमको
हम उसे ज़हर पिलाए अपने

एक दिन ये जमीं उगल देगी
रम्ज जो हमने दबाए अपने

44

बेच देगा तुम्हें बाज़ार यहाँ

आते हैं ख़ल्क का ख़ादिम हो कर
लेकिन साहिबान हुए जाते हैं

पहले मिलते थे 'अर्ज़' होकर वो
अब तो फ़रमान हुए जाते हैं

मेरे मज़मून में कभी ना थे
मेरा उनवान हुए जाते हैं

कल थे हिन्दू, अब हवा बदली तो
चल मुसलमान हुए जाते हैं

बेच देगा तुम्हें बाज़ार यहाँ
काहे सामान हुए जाते हैं

बात की वात ना मिले तो सभी
रिश्ते बेजान हुए जाते हैं

खेलते हो लुकाछुपी भगवन
हम भी पिन्हान हुए जाते हैं

———◆———

उनवान = शीर्षक, पिन्हान = छुपा हुआ

वात = हवा, पानी

45

ये ज़माना हवा बनाता है

दर्द इस जिस्म को सराय मगर
दिल को अपना मकाँ बनाता है

आईना रहता है मेरे घर में
अक्स, पर, आपसा बनाता है

मैं खुद भटका हुआ मुसाफ़िर हूँ
क्यों मुझे रहनुमा बनाता है

तू सवालों को क्यों करेगा हल
तू तो बस इम्तिहां बनाता है

जिस को मंज़िल समझ रहा है तू
वो तुझे रास्ता बनाता है

हर तरफ़ गुल ही गुल शगुफ़्ता हैं
कौन ऐसी फ़जाँ बनाता है

इश्क़ वो मर्ज़ हुआ करता है
जो खुद अपनी दवा बनाता है

प्रेम सूखे हुए दरख़्तों को
सींचता है, घना बनाता है

इन चिराग़ों को बता के रखना
ये ज़माना हवा बनाता है

46

साँस यूँ ना चली, यूँ ही धड़का ना दिल

जिसने मेरे तसव्वुर को परवाज़ दी
वो कोई और नहीं मेरा सय्याद था

एक नदिया के दोनों किनारे थे वो
एक उजड़ा हुआ, एक आबाद था

साँस यूँ ना चली, यूँ ही धड़का ना दिल
एक साहिर हमेशा मेरे साथ था

उसने मुझ से कहा तो नहीं खुल के पर
जंगल मेरे शहर से, वो, नाराज़ था

क़त्ल-ए-ईमान कर तख़्त हासिल किया
कैसे कह दूँ कि मैं एक ज़फ़रयाब था

जब भी मंज़िल पे आकर मैं ठहरा हूँ तो
मुझको बोला गया वो तो आगाज़ था

चाँद तारे सिहरते रहे रात भर
एक जुगनू अंधेरों में जाँबाज़ था

वो नक़ाबों की महफ़िल रही सर ब सर
असली चेहरा वहाँ पे तो एक आध था

47

रगों को राह, मोहब्बत को मुसाफ़िर कर दे

सिर्फ़ दिल में ना रख, चेहरे पे भी ज़ाहिर कर दे
रगों को राह, मोहब्बत को मुसाफ़िर कर दे

इश्क़ पे है कि वो यकजा करे बिखरे टुकड़े
या फिर एक और दिल-ए-यार मुन्तशिर कर दे

तेरी कोशिश है मुझे ख़ुद में छुपाकर ही रखे
मैं जतन करता हूँ कि बज़्म में हाज़िर कर दे

मैंने देखा, मेरा सय्याद दुःखी रहता है
या ख़ुदा अगले जन्म में उसे ता'इर कर दे

महवे ग़म है तो ये तारीकियाँ पसंद हैं तुझे
रोशनी चेहरे पे ग़ैरों की ही ख़ातिर कर दे

ता'इर = पंछी
मुंतशिर = बिखरा हुआ

48

हम से पहले यहाँ, दम तोड़, ज़हर जाता है

सिलसिला टूटती साँसों का ठहर जाता है
हम से पहले यहाँ, दम तोड़, ज़हर जाता है

एक चिंगारी भटक जाती है रास्ता अपना
हादसा ऐसा कि जल पूरा शहर जाता है

पेड़ जो बीज से तबदील हुआ बरसों में
आंधियाँ आईं तो लम्हों में उजड़ जाता है

एक से वो मुझे देता है आसमान मगर
दूसरा हाथ मेरे पंख कतर जाता है

देखने में तो वो फ़ौलाद नज़र आता है
पास जाके उसे छू लें तो बिखर जाता है

49

दिलरुबा देर लगा देती है सँवरने में

आब पूरी तरह ना ख़त्म हुआ झरने में
रोज़ मर के भी उमर बीत गई मरने में

हमको पीने में तो कुछ वक़्त लगेगा ही नहीं
वक़्त तो आपका जाएगा ज़हर भरने में

'आज' की बात तो आई ही नहीं लब के तले
वो तो मसरूफ रहे 'कल' का ज़िक्र करने में

जो कभी हमसे यहाँ हुईं ही नहीं थीं वही
ग़लतियाँ ले गईं पूरी उमर सुधरने में

मेरी नज़रों में ग़र चाहत सी नज़र आए तो
दिलरुबा देर लगा देती है सँवरने में

50

पाकीज़गी को अपनी दो आँखों में बसा ले

चेहरों पे कभी इसके निशानात नहीं खोज
पाकीज़गी को अपनी दो आँखों में बसा ले

इन शोरिशों से दूर, बहुत दूर खुद को तू
उजड़े हुए दिलों के इलाकों में बसा ले

बेघर है हर वो शख़्स इस दुनिया में तब तलक
जब तक ना उसे कोई निगाहों में बसा ले

जुगनू हूँ, अंधेरों में तेरे साथ रहूँगा
मैं ये नहीं कहता कि उजालों में बसा ले

गाहे-बगाहे ठीक है पर ये नहीं मंज़ूर
महबूब इबादत को अदाओं में बसा ले

ख़ुशबू है मेरा इश्क़, हर कली की अमानत
हमको तू चमन अपनी हवाओं में बसा ले

51

इश्क़ सच्चा तो क़यामत के पार जाता है

पार कर के वो समंदर हज़ार जाता है
इश्क़ सच्चा तो क़यामत के पार जाता है

कोई एहसान कभी मुफ़्त में नहीं होता
हर एक एहसान किया बा-उधार जाता है

दिल के पिंजरे से छूटने में कामयाब हुआ
लब से पहले ही लफ़्ज़ हो शिकार जाता है

फ़ख़्र करते रहे तलवार पे, नादाँ थे हम
क्यों ना समझे वो मोहब्बत में हार जाता है

मैं तसव्वुर का बंद बाब जब खोलूँ सुबहो
कोई दहलीज़ पे रख कर अश'आर जाता है

तू दूर होता हुआ क़ाफ़िला बना तो बना
छोड़ के यादों के काहे गुबार जाता है

52

नहीं बुलबुले, हमें तो समंदर दिखाइए

चेहरे पे है जो, दिल में वो मंजर दिखाइए
नहीं बुलबुले, हमें तो समंदर दिखाइए

फूलों का हार जब हमें पहना दिया गया
तो हमने कहा आप अब ख़ंजर दिखाइए

दिल जीतना है बादशाह ग़र इस अवाम का
सूरत से आप खुद को कलंदर दिखाइए

ले गई क़ज़ा हमें हज़ारों कब्रगाहों में
कहती है कौन सा है सिकंदर दिखाइए

दरबार में, हाकिम के रू-ब-रु जो दिखाई
मंदिर में जाएँ तो शक्ल दीगर दिखाइए

इजलास, अपने फ़ैसले देने से पेशतर
जाकर ना हुक्मरान को घर पर दिखाइए

53

इश्क़ को आता है फ़नकारी में माहिर करना

दर्द होने पे भी सुरूर को ज़ाहिर करना
इश्क़ को आता है फ़नकारी में माहिर करना

देख ली है इस जनम में बहुत मनसबदारी
दूसरे जन्म में हमको ख़ुदा शा'इर करना

मेरी दुनिया को घुमाते हैं जो लट्टू की तरह
लाज़िम है उनके ज़ेहन को ज़रा स्थिर करना

हमने पत्थर की इमारत इक खड़ी कर दी है
अब तो लोगों पे है मस्जिद इसे, मंदिर करना

तुमको मंज़िल भी दिखा दी, तुम्हें राहें भी मिलीं
अब रहा बाक़ी तुम्हें ख़ुद को मुसाफ़िर करना

सिर्फ़ मंज़िल के लिए ही ना किया जाए सफ़र
एक सफ़र बस सफ़र करने की भी ख़ातिर करना

54

ग़म भी महवे नशात गुजरा है

वक्त जब तेरे साथ गुजरा है
तभी दौर-ए-हयात गुजरा है

रात होगी ये जमाने के लिए
मेरा तो शुभ प्रभात गुजरा है

मन के सन्नाटों में ख़याल तेरा
जैसे लेकर बारात गुजरा है

मुझको मालूम है, मेरे दर से
तू ना बा-इत्तिफ़ाक़ गुजरा है

कल चलाते हैं बात रोज़ी की
आज तो जात पात गुजरा है

कुछ की लज्जत के लिए सूली से
कितनों का दाल भात गुजरा हैं

जल गए लोग जब कहा मैंने
ग़म भी महवे नशात गुजरा है

दर्द दिल की गुज़रगाहों से सदा
साथ ले कर जमात गुजरा है

———•❖•———

महवे नशात = आनंद में डूबे हुए

55

तो ये बुत कहक़हे लगाएँगे

लोग आंसू बहुत बहाएँगे
चेहरे ग़मगीन ले के आएँगे

जिनके दिल में दर्द भरा होगा
बस वही हैं जो मुस्कुराएँगे

हमको एक दिन की खुदाई दे दो
हम एक दुनिया नई बनाएँगे

ज्यों ही गुजरेगा मेरा दौर-ए-फ़राज़
लोग सब रंग बदल जाएँगे

हो गई है भले सहर, फिर भी
हम चिराग़ों को ना बुझाएँगे

दुश्मनों से बहुत नहीं डरना
दोस्त ज़्यादा तुम्हें सताएँगे

इनमें पीड़ा के ज्वार आएँगे
तो ये बुत कहक़हे लगाएँगे

56

सूरज की तरह दीये को ढलना नहीं आता

तुझ कोह की बाहों से निकलना नहीं आता
इस बर्फ़ की नदी को पिघलना नहीं आता

अफ़शां करेगा नूर और हो जाएगा फ़ना
सूरज की तरह दीये को ढलना नहीं आता

उनवान बार बार बदलते हैं वही लोग
जिनको कभी मज़मून बदलना नहीं आता

सुन कर के चीख, कहता है सोया हुआ निज़ाम
कि उसको अभी नींद में चलना नहीं आता

छाया ना दे सकेगा मुसाफ़िर को वो दरख़्त
जिसके बदन को धूप में जलना नहीं आता

❖

उनवान = शीर्षक, कोह = पर्वत

57

एक शरारा ही बहुत है शहर जलाने को

बंद कर आतिश-ए-नफ़रत के कारख़ाने को
एक शरारा ही बहुत है शहर जलाने को

जिसको फ़रियाद समझ कर तू ना सुना हाकिम
वो दुआ थी मेरी, रुतबा तेरा बढ़ाने को

ये आर पार की बातें तू समन्दर ना कर
मैंने माना है मुक़ाँ तुझ में डूब जाने को

आई महलों से निकल कर एक कली पास मेरे
इल्तिजा करती है मौसम नया बनाने को

बाहर की बरछियाँ, भालों से बच के आए तो
घर में तैयार हैं दीवारें काट खाने को

58

जो बात हक़ीक़त में है, ख़्वाबों में नहीं थी

चेहरे पे नाज़ के नहीं कोई भी कमी थी
पाकीज़गी लोगों की निगाहों में नहीं थी

चाहत भरी नज़र से जाँ को देख के लगा
जो बात हक़ीक़त में है, ख़्वाबों में नहीं थी

जिनको शगुफ़्ता हमने अपने प्यार से किया
ख़ुशबू हमारी क्यों उन गुलाबों में नहीं थी

जो भीड़ क़लन्दर के जनाजे में दिख गई
वो राजघरानों की बारातों में नहीं थी

खुद तुमने असीरी से निकलना नहीं चाहा
तुम्हें रोकने की क़ूवत सलाख़ों में नहीं थी

59

अपनी गिरह से चाँद ने तीतर नहीं छोड़ा

कैसे उन्हें सितारा आसमाँ का बना दें
जिनने कोई निशान जमीं पर नहीं छोड़ा

उड़ते हुए जो हाथ में आया था एक बार
अपनी गिरह से चाँद ने तीतर नहीं छोड़ा

जितना हुआ इस रूह को अफ़ज़ा किया गया
इस ज़िन्दगी को हमने बस जीकर नहीं छोड़ा

दोनो को रख के जेब में फिरती है सियासत
मस्जिद में खुदा, मंदिर में ईश्वर नहीं छोड़ा

खाओ क़सम कि तुमने बहा दिए सभी आंसू
कतरा भी एक, आँख के भीतर नहीं छोड़ा

60

गिनती थी गुनाहों में हमारे सवाब की

हद पार हो गई हमारे इख़्तिलाफ की
गिनती थी गुनाहों में हमारे सवाब की

जिसने इस नए दौर की तामीर करी है
तालीम थी वो सारी पुरानी किताब की

काग़ज़ संभालते रहे सब अहले ख़ानदान
महबूबा के हक़ में गई चाहत नवाब की

ज्यों ज्यों रहे ये फैलते सहरा-ए-मरासिम
भरती रही सूखी नदी चश्म-ए-पुरआब की

बुझने से पहले सहर में, कहने लगा चिराग़
हमें कैफ़ियत तो पूछने दो आफ़ताब की

साहिल बना रहा मैं जिस नदी का उम्र भर
मालूम हुआ कि वो तो नदी थी सराब की

वैसे भी आप रहते हैं बुत की बने मिसाल
तो भेजिए मिलने कोई तसवीर आपकी

61

कोई पेड़ हो घना सा वहाँ घोंसला बनाना

बिखरे हुए टुकड़ों को मुमकिन नहीं उठाना
रब दिल नहीं दुबारा कभी काँच का बनाना

घर फिर से बसाने का हो जाए ग़र इरादा
कोई पेड़ हो घना सा वहाँ घोंसला बनाना

हासिल नहीं जहाँ में कुछ भी बिना मशक़्क़त
मंज़िल है तुम्हारी तो तुम्हीं रास्ता बनाना

कुछ बोलना, भले ही वो मेरी ख़िलाफ़त हो
मक़सद नहीं इश्क़ का तुम्हें हमनवा बनाना

ये दर्द-ए-मोहब्बत हैं, ज़ख़्म-ए-जिस्म नहीं हैं
एहसास चाहतों के, इनकी दवा बनाना

साहिल ने ज़िन्दगी भर का साथ यूँ गँवाया
सीखा नहीं नदी को कभी आईना बनाना

किरदार अब के ऐसे तुम साजना बनाना
हो तुम एक घना जंगल, हमें लापता बनाना

62

पलकें ढँकीं, हिजाब नज़र का उतर गया

छूआ हमें, तुरंत पलटकर चली गई
लम्हों में ही जुनून लहर का उतर गया

तनहा हुए, बच्चों की तरह नाचने लगे
ऐसा लगा नक़ाब उमर का उतर गया

ताजी हवा का भी वहाँ अकाल दिखा तो
मन से हमारे भूत शहर का उतर गया

हम को सुरूर चढ़ने लगा है तो फिर यहाँ
किसके गले में प्याला ज़हर का उतर गया

ख़ूबसूरती असल तो बंद आँख से दिखी
पलकें ढँकीं, हिजाब नज़र का उतर गया

पहले तो निगाहों से सुर्ख़ कर दिया गुलाब
कांटा चुभा तो रंग भ्रमर का उतर गया

63

कश्ती ने समन्दर को समन्दर दिखा दिया

आँखों में अपनी प्यार का मंजर दिखा दिया
कश्ती ने समन्दर को समन्दर दिखा दिया

होता है आसमान क्या, ये मेरी नज़र को
दरवेश ने कल फाड़ के छप्पर दिखा दिया

मुझको खड़ा किया एक आईने के रू-ब-रु
सूफ़ी ने मुझे मेरा सितमग़र दिखा दिया

बादल के ऊँचे मोल कहीं और लग गए
हाकिम मेरी ज़मीन को बंजर दिखा दिया

एक शीशमहल के गुरूर को था तोड़ना
हमने उसे उजड़ा हुआ खंडर दिखा दिया

दोनों ने क़रीब आने का जब मन बना लिया
आपस के फ़ासलों ने सिमटकर दिखा दिया

64

जब तक साँस रहे चलती तब तक
क़ायम रहना ख़ुद्दारी

अपनी पीर सदा लगती थी हमको जैसे कोई पहाड़ी
ऊँचे ऊँचे पर्वत देखे, बौनी हो गई पीर हमारी

पीड़ा की तस्वीर बनाना भर होगा ना पेशा मेरा
लोगों की पीड़ा कम करना भी है मेरी ज़िम्मेदारी

मौत मरहला भर होगी तू, अंतिम कोई पड़ाव ना होगा
'सफ़र ये जन्मों का' बदलेगा मार्ग कई, पर रहेगा जारी

ओहदों के बदले हाकिम को हम अपनी दस्तार ना सौंपें
जब तक साँस रहे चलती तब तक क़ायम रहना ख़ुद्दारी

इस बेशर्म सियासत से बस मेरा फ़क़त सवाल यही है
जिस हमाम में सब नंगे हैं क्यों है उसमें पर्दादारी

मुझको कल सपनों में आकर एक क़लन्दर बोल गया ये
बोझ उठा लेना कांधों पे, रूह कहीं हो जाए ना भारी

सरकश लोगों की सफ़ में हूँ, जाने कब आ जाए बारी
हमने बरसों से कर रखी है सर कटने की तैयारी

65

टूटी जब नींद, वक्त सहर का निकल गया

सामान जुटाने में ही अरसा निकल गया
इस बीच सही वक़्त सफ़र का निकल गया

गुजरी थी रात, दिन के उजालों के ख़्वाब में
टूटी जब नींद, वक़्त सहर का निकल गया

सोचा था ज़िन्दगी ये नशे की मिसाल हो
पैमाना मेरा लेकिन ज़हर का निकल गया

बेसाख़्ता, नक़ाब ज़रा सा सरक गया
कातिल हमारे अपने ही घर का निकल गया

क्या राह हुई साफ़ फ़जाओं के मेहर से
या आँख का हमारी धुँधलका निकल गया

खिड़की से झांकते थे कि वो एक पल तो रुकेगा
मेरा अजीज यार तो चलता निकल गया

कीचड़ का भी होने लगा उस दिन से एहतराम
जिस दिन से उसमें फूल कमल का निकल गया

66

महलों में ख़ानदान बिखरा है

ओस की बूँदों का चेहरा लेकर
दूब पर आसमान बिखरा है

मेरे भीतर ना गुजरी रात अभी
बाहर हर सू विहान बिखरा है

ज़िन्दगी भर समेटते ही रहे
फिर भी पूरा सामान बिखरा है

झोंपड़ी ने सहेज कर रखा
महलों में ख़ानदान बिखरा है

जिस फ़िज़ाँ में है ख़ुशबू गीता की
उस में ही तो कुरान बिखरा है

फिर भी हिंदू ओ मुसलमानों के
टुकड़ों में ये इंसान बिखरा है

हो गया कब्रनशीं जब राजा
तब ही उसका गुमान बिखरा है

ख़ाक में रंक, ख़ाक में ही तो
ये सिकंदर महान बिखरा है

रो रहा है मुझे फ़ना कर वो
एक पत्थर इंसान बिखरा है

बेध कर दिल ओ जिगर पंछी का
टूट कर एक मचान बिखरा है

67

आईना नज़रों का लेकर के सजन जाता है

मन असीरी से निकलने को जब ठन जाता है
तो फिर दीवारों में दरवाज़ा भी बन जाता है

आप तो फूल से टूटे हैं अपनी डाली से
लेकिन मेरा तो उजड़ पूरा चमन जाता है

रंज मत कर ये फ़क़त एक रिवायत सी है
जंगजू रख के अपने साथ कफ़न जाता है

ऐसा शृंगार तो नेमत-ए-ख़ुदा है, जिसमें
आईना नज़रों का लेकर के सजन जाता है

जिसने इन आँखों को ठंडक से नवाज़ा है वही
बेमुरव्वत दे के सीने में जलन जाता है

68

जुबाँ ने दिल के किए फ़ैसले नहीं बदले

लफ़्ज़ बदले हज़ार, मायने नहीं बदले
जुबाँ ने दिल के किए फ़ैसले नहीं बदले

मेरे जैसा ही रहा अक्स मेरा हर सूरत
कभी किसी के लिए आईने नहीं बदले

पस-ए-पर्दा बदल गए हों ये नहीं जानते हम
रंग चेहरों के मेरे सामने नहीं बदले

राग - दरबारों के सुरों से सुर मिलाने को
हमने अपनी ग़ज़ल के क़ाफ़िये नहीं बदले

दिल और दिमाग़ को सौंपी जुदा रियासत हैं
हमने दोनों के कभी महकमे नहीं बदले

69

कलियों ने लाल रंग से रुख़सार भर लिया

पत्ते हरे हुए ज्यों मोहब्बत के शजर के
कलियों ने लाल रंग से रुख़सार भर लिया

कतरा भी ज़हर का ना पिया साहिबान ने
ख़ाली गिलास लेकिन कई बार भर लिया

पायल पहन के पाँव में जब नाची मल्लिका
अपने में, आसमान वो झंकार भर लिया

उजड़ीं हुई दिखीं हैं कई माँगें राह में
शैतान कोई, खून से तलवार भर लिया

मैं आया चंद पल के लिए अपने गाँव में
लेकिन कई बरसों के समाचार भर लिया

मेहनत की कमाई थी रियाया की जो, उसे
झोली में अपनी मुल्क का ग़द्दार भर लिया

70

आँखों में भर के पूरा समंदर निकल गए

हम ऐसे अपने आप से बाहर निकल गए
साहिल की रेत से जैसे गौहर निकल गए

बेदारी में सरहद का था एहसास पाँव को
वो बेख़ुदी में लांघ के चादर निकल गए

उम्मीद रही रात भर पूनम के चाँद की
जुगनू की तरह, ख़्वाब, चमककर निकल गए

हैरान ना होना मेरे ज़ख्मों को देखकर
ख़ामोश जुबाँ से तेरी, नश्तर निकल गए

खुद को तलाशते रहे हम दश्त ओ दमन में
बेसाख़्ता, आईनों के अंदर निकल गए

जो दर्द अनाड़ी की तरह पेश आए कल
वो दर्द सभी आज धुरंधर निकल गए

छूने का मौज़ों को कभी साहस नहीं हुआ
आँखों में भर के पूरा समंदर निकल गए

71

आप राजाओं के दामन में ताश मत रखना

धूप बिकती है तो साया भी साथ मत रखना
दिल में ग़म हो तो भी चेहरा उदास मत रखना

ज़िन्दगी एक मयकदे की तरह होती है
किसी भी हाल में ख़ाली गिलास मत रखना

कहें जज़्बातों को, पोशाक पहनना सीखें
उनको समझाएँ ख़ुद को बेलिबास मत रखना

अक्स देखेंगे ख़ुद का, लोग सहम जाएँगे
आईना कोई यहाँ आसपास मत रखना

सिर्फ़ तलवारों से होगा नहीं महाभारत
आप राजाओं के दामन में ताश मत रखना

मोड़ एकदम से बदल लेती है राह-ए-हयात
बहुत ज़्यादा तुम लगाकर क़यास मत रखना

अजनबी लोगों को ही हममकीं बनाऊँगा मैं
मेरे मकाँ में कोई रु-शनास मत रखना

रु-शनास = परीचित

72

हाकिम गए, ज़मीन से अब सर निकालिए

रो लीजिए और आँख से पत्थर निकालिए
इस रास्ते से गम-ए- दिल बाहर निकालिए

पैरों को धो के रंग मिटा लीजिए बेशक
देखेंगे कैसे दिल से महावर निकालिए

इस ज़िन्दगी की राह में कोई धुँध नहीं है
नज़रों से अपनी ख़्वाबों के मंजर निकालिए

भरना है लाल रंग अगर इंक़लाब में
जो सो रहे हैं उनको सड़क पर निकालिए

उर्यानियों की रात गुजर गयी तो सियासत
कहती है कि पोशाक-ए-खद्दर निकालिए

बारात हो या फिर हो जनाज़ा-ए-कलंदर
यारों जुलूस-ए-जश्न बराबर निकालिए

दरबार में सजदा जो लगाए हैं, जान लें
हाकिम गए, ज़मीन से अब सर निकालिए

कतरे को दिया तोहफ़े में अल्लाह ने तसव्वुर
कहता है कि इसमें से समंदर निकालिए

73

शजर भी एक दूजे से शायद बातें बनाते हैं

हवा चलती नहीं है फिर भी पत्ते खड़खड़ाते हैं
शजर भी एक दूजे से शायद बातें बनाते हैं

क़लन्दर से किसी राजा ने पूछा ये तो बतलाओ
तमन्नाओं पे वो कैसे सदा चाबुक चलाते हैं

क्यों मेरी नींद ये अब रात में कई बार खुलती है
क्यों मेरे ख़्वाब अब थोड़े समय में हाँफ जाते हैं

तरीक़े, तौर सारे इश्क़ के वो भूल बैठे हैं
ना बरसाएँ कभी वो फूल, ना ही ज़ुल्म ढाते हैं

सुरों का इल्म है, हमको सजाने साज आते हैं
चलो अपने लबों से गीत तेरा गुनगुनाते हैं

74

ग़ज़लगोई करे कश्ती तो तूफ़ाँ कांप जाते हैं

ग़ज़लगोई करे कश्ती तो तूफ़ाँ कांप जाते हैं
समझ कुछ भी नहीं आए पर देते दाद जाते हैं

हिमाक़त देखिये, कागज़ की कश्ती बोलती है ये
कि मैं मुस्तैद तरती हूँ, समंदर हाँफ जाते हैं

ख़फ़ा रहते हैं हम से चाँद भी, सूरज भी, तारे भी
मगर रातों में आकर दिल में जुगनू झांक जाते हैं

लज़ा के आते थे जो ख़्वाब पहले नींद में मेरी
समय के साथ होते दिन ब दिन बेबाक़ जाते हैं

नसीबाँ रूठ जाने में ना लेंगे एक दिन पूरा
मनाने में उन्हें लेकिन कई बैसाख जाते हैं

क़लन्दर लोग जब होने सुपुर्द-ए-ख़ाक जाते हैं
वही तो हैं जो अपना लेके दामन पाक जाते हैं

75

मेरी आग़ोश में सर सब कुछ गँवा के रखिए

ये नहीं कहते कि आले में सजा के रखिए
पर ना जज़्बातों को चिलमन में छुपा के रखिए

रोशनी की रहे उम्मीद चिराग़ों से मगर
साथ अंदेशे भी आँधी के, हवा के रखिए

अभी हासिल है हर एक चीज़ तो दूरी है ये
मेरी आग़ोश में सर सब कुछ गँवा के रखिए

इन दवाओं की तो तासीर ही बढ़ जाएगी
आप जब सर पे मेरे हाथ दुआ के रखिए

उनको मय सूद चुकाने का मज़ा ही है अलग
अपने ऊपर ना कोई क़र्ज़ वफ़ा के रखिए

चाहे भीतर बड़ा सुकूत ओ सन्नाटा है
लोग कहते हैं बाहर करके धमाके रखिए

76

समर गिरने से पहले शाख़ से पूछा नहीं करते

मोहब्बत या इबादत फ़ैसला ये तुम को लेना है
मुसाफ़िर मंज़िलों से रास्ते पूछा नहीं करते

नज़रअंदाज़ करना आहटों को पुरख़तर होगा
तबाह करने से पहले, हादसे पूछा नहीं करते

मैं जिसको चाहता हूँ वो मेरी आग़ोश में क्यों है
जब महवे ख़्वाब हों तो ख़्वाब से पूछा नहीं करते

ना जाने क्यों किया करते हैं सारे लोग औरों से
सवालातें जो अपने आप से पूछा नहीं करते

सितारे मेरी आँखों में सर-ए-शब रोज़ आते हैं
मगर कुछ भी इजाज़त वास्ते पूछा नहीं करते

बड़ा होने पे, बेटे बाप से पूछा नहीं करते
समर गिरने से पहले शाख़ से पूछा नहीं करते

77

दिया राधा को हक़, मीरा को बस फ़रियाद बख्शी है

दरारें जिस्म में आएँगी कातिल वार से तेरे
हमें अल्लाह ने पर रूह-ए-फ़ौलाद बख्शी है

फ़लक़बोसी से हमको कोई भी ना रोक पाएगा
हमें इस मुल्क की मिट्टी ने वो बुनियाद बख्शी है

अगर ये दिल धड़कता है, अगर ये साँस चलती है
क्यों रब से पूछते हो फिर कि क्या सौग़ात बख्शी है

दीया जलता हुआ एक बुझ चुके दीये से कहता है
तेरी लौ ही तो मुझको रब ने तेरे बाद बख्शी है

मोहब्बत ये बता तूने भी क्यों दुहात कर डाला
दिया राधा को हक़, मीरा को बस फ़रियाद बख्शी है

78

लेकिन इस मुल्क से कोई हो के पराया ना गया

कोई अन्दाज़-ए-हया हमसे भुलाया ना गया
ख़्वाब में भी किसी चिलमन को हटाया ना गया

जिसको पढ़ने की ज़रूरत नहीं समझी तुमने
क्या वजह थी जो मेरा ख़त वो जलाया ना गया

ढल गई धूप मरासिम की, अंधेरा छाया
मन के आँगन से तेरी याद का साया ना गया

अजंनबी लोग मेरे मुल्क में आते तो रहे
लेकिन इस मुल्क से कोई हो के पराया ना गया

राह काशी के शिवालों से हो गुज़री जिसकी
ज़िन्दगी का वो सफ़र कोई भी ज़ाया ना गया

रोशनी प्यार की जिसकी ना मिली मीरा को
उसी सूरज को दीया उससे दिखाया ना गया

79

ग़मों के क़ाफ़िले तो राह में बनाए हैं

वस्ल की आस में जो फूल शगुफ़्ता थे वही
वस्ल के दौर में कुम्हलाए हुए पाए हैं

आप जिन पे चले थे हमसे दूर जाने को
मुड़ के वो रास्ते हम तक ही लौट आए हैं

हमसे कहता है ख़ुदा भेजा था तनहा, तुमने
ग़मों के क़ाफ़िले तो राह में बनाए हैं

तमाम कोशिशें की, सब्ज़ ना हुए पत्ते
हमने थक हार के पौधे नए लगाए हैं

कम से कम हम को सज़ा ही कोई नई दे दो
सारे इल्ज़ाम तुम्हारे सुने सुनाए हैं

80

हमसे मिलना हो तो हो के बहुत सरल आएँ

ग़र दरख़्तों को सुनाना नई ग़ज़ल आएँ
सूनी राहों पे रोज़ कारवाँ निकल आएँ

हिज्र की मुद्दतों के बीच पुल बनाने को
वो शब-ए-वस्ल के लेकर हसीन पल आएँ

हमने आबाद, घोंसलों को, इस वजह से किया
उनके कुछ सीखने सूने पड़े 'महल' आएँ

हमसे हल हो नहीं पाते कठिन सवाल कभी
हमसे मिलना हो तो हो के बहुत सरल आएँ

हुस्न की धूप उतर जाने की आ गई है घड़ी
मेरी आग़ोश के उफुक में अब तो ढल आएँ

ग़र हम ख़ामोश हों तो नज़रें मिलाकर रखना
शायद जज़्बात अब के रास्ता बदल आएँ

81

सच तो वो होगा जिसे ओट में छुपा देखो

तमाम कायनात हो गई बयाँ देखो
चंद मिसरों में ग़ज़ल हो गई जवाँ देखो

ग़र जो आएँ सवाल करने ये दुनिया वाले
बोल देना उन्हें कि जा के आईना देखो

मेरे होंठों पे इब्तिदा-ए-इश्क़ मत ढूँढो
मेरी आँखों में मोहब्बत की इंतिहा देखो

रू-ब-रु आँखों के आएगा झूठ सज धज के
सच तो वो होगा जिसे ओट में छुपा देखो

पंख फैला के उड़ गए हैं आसमान में हम
आप पिंजरे के लिए पंछी दूसरा देखो

सिर झुके हों तो फिर दस्तार कहाँ टिकती है
उनको हुक्काम के कदमों तले गिरा देखो

हमने लफ़्ज़ों में भी चिलमन का वज़ू रक्खा है
क्यों ग़ज़ल में भी सियासत को बरहना देखो

82

अब मेरे गाँव में कुएँ नज़र नहीं आते

आग हर सू है पर धुएँ नज़र नहीं आते
किसी भी होंठ पे शिकवे नज़र नहीं आते

रंगीं महफ़िल में दिलों के सुराग तो ना मिले
लेकिन लहजे यहाँ कड़वे नज़र नहीं आते

सीख के आना यहाँ दिल को परखने का हुनर
हुस्न महजूब हैं, चेहरे नज़र नहीं आते

बोतलों में मुझे ख़रीदना पड़ा पानी
अब मेरे गाँव में कुएँ नज़र नहीं आते

क्या ये जन्नत है, जो हमको तबाह पाकर भी
यहाँ कहीं पे भी जलसे नज़र नहीं आते

83

जो क़यामत तक चले, सिलसिला नहीं देखा

ईश मंदिर में, हरम में ख़ुदा नहीं देखा
सुन अकीदत तेरे जैसा जुआ नहीं देखा

इस कदर होते हैं शफ़्फ़ाफ मेरे शे'र-ए-ग़ज़ल
इनको पढ़ के किसी ने आईना नहीं देखा

मैं वो चिराग़ हूँ जिसके तले अंधेरा है
ताज देखा, पाँव में आबला नहीं देखा

मौत को रू-ब-रु पा के ना परेशाँ हो पथिक
क्या कभी राह में कोई मरहला नहीं देखा

तेरे दयार में होते हैं बे-सबात इश्क़
जो क़यामत तक चले, सिलसिला नहीं देखा

हैं मेरे हाथ में पूजा के फूल पर मैंने
किसी दिल में यहाँ मंदिर खुला नहीं देखा

बे-सबात = अस्थिर

84

प्रेत परियों के बदन डाल के आ जाते हैं

अब थोड़े ही वो कफ़न डाल के आ जाते हैं
प्रेत परियों के बदन डाल के आ जाते हैं

फूल माँगा था तबस्सुम का लबों पर हमने
जान आँखों में अगन डाल के आ जाते हैं

ख़ुशबू-ए-गुल को परिंदे की तरह उड़ना था
हम फ़जाओं में पवन डाल के आ जाते हैं

उसने माँगी थी फ़क़त एक ग़ज़ल गुँचे सी
उसके दामन में चमन डाल के आ जाते हैं

रूह के दर से बाहर पहला कदम रखते ही
सब मेरा ख़ाक में तन डाल के आ जाते हैं

85

हम आप को ताहद-ए-क़यामत संभालते

मसरूफ रहे उम्र भर काग़ज़ संभालते
बतलाओ अपने आप को हम कब संभालते

बस एक अदद ज़िन्दगी की बात मत करो
हम आप को ताहद-ए-क़यामत संभालते

कहती है नदी, हो गई मैं तेरी समंदर
कब तक मुझे आग़ोश में पर्वत संभालते

कसता है तंज चाँदनी पे चाँद, कि तुझे
थक जाएगा ये ताज सुबह तक संभालते

हर बात तेरे दिल की मेरे दिल ने पढ़ी है
फिर किसलिए हम आपके ये ख़त संभालते

86

एक शख़्स को हम दोनों जुदा ढूँढ रहे हैं

रहने के लिए कोई सरा ढूँढ रहे हैं
कई दर्द मेरे दिल का पता ढूँढ रहे हैं

महबस से मुझे बाहर तो लाए निकाल वो
अब शहर भर में ताजी हवा ढूँढ रहे हैं

ये ज़ख़्म दवाओं की पज़ीराई से पहले
मेरे यार तेरे लब पे दुआ ढूँढ रहे हैं

महफ़िल भी सजेगी, अभी हमाम से निकले
सब बेलिबास जिस्म कबा ढूँढ रहे हैं

भगवान को वो और हम ख़ुदा ढूँढ रहे हैं
एक शख़्स को हम दोनों जुदा ढूँढ रहे हैं

87

कि लब अगर खुले तो गिरफ़्तार जानिए

क्या कर रही थी रात भर सरकार, जानिए
हम जुगनुओं से आप सब असरार जानिए

बुलबुल ने इशारों से बयाँ कर दिया फ़रमान
कि लब अगर खुले तो गिरफ़्तार जानिए

निज़ाम के चेहरे पर अगर दाग दिखें तो
इन आईनों को उसका ज़िम्मेदार जानिए

आ गए सफ़ेदपोशों की बस्ती से सलामत
जंगल को आप किस लिए ख़ूँख़ार जानिए

होना है ग़र शरीक सियासत के खेल में
तो पहले आप खेलना व्यापार जानिए

अपनी समझ से क़र्ज़ मुकम्मल अदा किया
रब ने कहा कि बढ़ गया उधार जानिए

मुझको हुज़ूर अपना ग़मगुसार जानिए
लेकिन किसी जश्न में ना शुमार जानिए

असरार = राज

88

चली आईं बिना दस्तक के तमन्नाएँ मेरी

गुफ़्तगू करती हैं हंस हंस के तमन्नाएँ मेरी
ख़्वाब में आती हैं सज-धज के तमन्नाएँ मेरी

दिल के दरवाज़े को जब भी खुला पाया उनने
चली आईं बिना दस्तक के तमन्नाएँ मेरी

भाव देती नहीं क्षण भर भी तिजोरी को वो
पर क़सीदे पढ़ें गुल्लक के तमन्नाएँ मेरी

है रक़ाबत मेरी मसरूफ़ियत से उनको यहाँ
माँगती हैं लम्हे फ़ुरसत के तमन्नाएँ मेरी

ज़िन्दगी भर गुल-ए-औराक बना के ये लगा
फूल थे कुदरती निकहत के तमन्नाएँ मेरी

दौर-ए-मुश्किल में हिजाबों में वो पिनहान रहीं
झाँकती थी पर लजाकर के तमन्नाएँ मेरी

89

ये मसाफ़त किसी मंज़िल पे खतम ना होगी

जुस्तजू तेरी तुझे पा के भी कम ना होगी
ये मसाफ़त किसी मंज़िल पे खतम ना होगी

आप तो रू-ब-रु आएँगे चंद लम्हों को
आईनों से कई दिन खर्च रक़म ना होगी

उसको दस्तार के मनसब से नवाज़ा है मैंने
किसी सूरत में बिकाऊ ये कलम ना होगी

ये मरासिम की सर्द सर्द बर्फ़ की सिल्ली
सिर्फ़ दूरभाष पे बातों से गरम ना होगी

जिसको तय करने में मुद्दत लगा गए हम तुम
वो राह नाप लो तो तीन कदम ना होगी

90

कभी परियों से, कभी प्रेत से चेहरे आए

रात भर नींद में सपने तो बहुतेरे आए
कभी परियों से, कभी प्रेत से चेहरे आए

जेब में रख के ख़ुदा को वो घूमते हैं आज
सीख कर कल जो इबादत के ककहरे आए

कोई ना कोई है शैतान सभी के भीतर
यही पैग़ाम ले हर साल दशहरे आए

सच तो ख़ामोश भी रह कर सुना गया सब कुछ
सामिईन रू-ब-रु होकर सभी बहरे आए

एक छोटी सी सुराही के तसव्वुर में से
नुमू होकर के समन्दर बड़े गहरे आए

सामिईन = श्रोता

91

सैद भी हम, हम ही सय्याद रहे हैं अपने

सैद भी हम, हम ही सय्याद रहे हैं अपने
हम सबब-ए-दिल-ए-बरबाद रहे हैं अपने

आज करते हैं हुकूमत जो तफ़क्कुर हमपे
वो तफ़क्कुर सभी औलाद रहे हैं अपने

आप भी शौक़ से कर लीजिए तनकीद मेरी
हम तो खुद भी सदा नक्काद रहे हैं अपने

छोड़िए बात हरीफ़ों की, यहाँ तो हमसे
सारे अहबाब भी नाशाद रहे हैं अपने

सर-ए-मक़तल भी ग़ज़ल हमको सुनानी ही पड़ी
चाहने वाले ही जल्लाद रहे हैं अपने

— • —

सैद = जो पिंजरे में हो; हरीफ = दुश्मन
नाशाद = नाखुश; तफक्कुर = चिंताएँ
तनकीद = आलोचना

92

दिल तेरे बख्त में रुसवाई है

शक्ल ओ सूरत की पजीराई है
दिल तेरे बख्त में रुसवाई है

चाँद की रोशनी से बढ़कर तो
ताज दिखती तेरी परछाई है

शोरिशों से गुरेज़ करने पर
मुझ तक मेरी आवाज़ आई है

तेरी आँखों में जो तस्वीर मेरी
आईनों से भी ना बन पाई है

महफ़िलें लाख गुमाँ करती रहें
दिलों की मल्लिका तन्हाई है

आपके बोलने से पहले ही
पेश-ए-ख़िदमत ये हमनवाई है

सुन अमीरों के ख़ुदा, तेरे से
मुफ़लिसों की भी आशनाई है

———◆———

पजीराई = स्वीकृति

93

चल मेरी रात तुझे साहिब-ए-आला कर दें

ख़्वाब के मनके पिरो, नींद को माला कर दें
चल मेरी रात तुझे साहिब-ए-आला कर दें

अपने महलों के चिराग़ों से ज़रा कहिएगा
मेरे हुज़रे में भी थोड़ा सा उजाला कर दें

रब से गुलनाज ने माँगा पहले शौहर उमरा
और अब कहती है उसे चाहने वाला कर दें

कुछ तो है सत्व कि गंगा तू धवल रहती है
इतने पापी तो समुन्दर को भी काला कर दें

तेरी सीरत पे जो परदा है, सियासत दे हटा
ला उसे तेरा दुपट्टा या दुशाला कर दें

आईए हम यहीं मयखाना सजा देते हैं
मस्त मंजर है, अपनी आँखों को प्याला कर दें

94

इस मुसाफ़िर को क़यामत का सफ़र दे मौला

दर्द को कैफ़ बनाने का हुनर दे मौला
फिर तो हर दर्द को इस दिल में ही घर दे मौला

अभी नाज़ुक है कली, इश्क़ तो देना लेकिन
ध्यान रखियो ना उसे ज़ख़्म-ए-जिगर दे मौला

कर चुकी है मेरी कलम बड़ी शबनमबारी
अब वो कूवत कि इससे निकलें शरर, दे मौला

हौसला इनमें भी सूरज से कोई कम तो नहीं
इन चिराग़ों को ज़रा लम्बी उमर दे मौला

नाव काग़ज़ की, समुन्दर में उतरना चाहे
इसको थोड़ा सा तो तूफ़ान का डर दे मौला

हमने बरसों इन परिंदों को खिलाए दाने
हमको एक दिन के लिए ही सही, 'पर' दे मौला

चूमना चाहती है साहिल को नदी शिद्दत से
आब से इसको लबालब क्यों ना भर दे मौला

एक हो ख़त्म, मुझे दूजी डगर दे मौला
इस मुसाफ़िर को क़यामत का सफ़र दे मौला

कैफ़ = आनंद

95

अप्सराओं के रू-ब-रु क्या आईना रखना

इस की ज़रूरत है इंद्र को और देवताओं को
अप्सराओं के रु-ब-रु क्या आईना रखना

तुमको भेजा था फ़ासलों में कुर्ब लाने को
तुमने सिखला दिया कुर्बत में फ़ासला रखना

ये तुम्हारी एक शरारत कही जाएगी ख़ुदा
हमको ज़ाहिर सदा और खुद को गुमशुदा रखना

नाम कातिल का हुकूमत तुम्हें बताएगी
अपना तैयार तुम, इजलास, फ़ैसला रखना

क़ैद करलो मुझे अपने वजूद में बेशक
एक सूराख कि आती रहे हवा, रखना

अपने चेहरे के सामने नहीं धुआँ रखना
दिल हो साधु तभी पोशाक गेरुआ रखना

96

देवदासी हूँ मैं और चारदीवारी में हूँ

रात देखे हुए ख़्वाबों की शुमारी में हूँ
माफ़ कर देना सहर, अब तक खुमारी में हूँ

जानता हूँ, नहीं मैं तेरी मंज़िल-ए-मक़सूद
मरहला ही मैं सही, राह तुम्हारी में हूँ

डाल से मैंने कहा चेहरा दिखाए अपना
मुझसे कहने लगी अब तो मैं कटारी में हूँ

ख़्वाब कहता है मुझे 'फूल' बुलाओ कह कर
मैं तो इस नींद की बगिया में हूँ, क्यारी में हूँ

पार्थ व्याकुल हो कृष्ण कृष्ण पुकारे जाए
कृष्ण बोले, मैं तो पहले से सवारी में हूँ

ना ही ब्याहता हूँ मैं और ना ही कुँवारी में हूँ
देवदासी हूँ मैं और चारदीवारी में हूँ

97

गुमशुदा हम से अब माली नहीं होने पाए

भरता रहता हूँ इन आँखों में हंसीं मंजर मैं
ये तिजोरी कभी ख़ाली नहीं होने पाए

एक भी घर अगर महरूम रोशनी से है
तो इस बस्ती में दीवाली नहीं होने पाए

हीरे मोती की है तमसील तबस्सुम तेरी
ख़्याल रखना कि ये जाली नहीं होने पाए

दौलत-ए-इश्क़ बिना माँगे लुटाऊँगा मैं
यार दिल तेरा सवाली नहीं होने पाए

ग़र नए चमन की तामीर हो तो ध्यान रहे
गुमशुदा हम से अब माली नहीं होने पाए

मैं गिनूँ ख़्वाबों की माला के चमकते मनके
चाँदनी रात ये काली नहीं होने पाए

98

आदमी से ख़ुदा आसान रहा

दिल को उसने सराय समझा है
कैफ़ आया गया मेहमान रहा

दर्द फ़ुटपाथ पे कभी ना मिला
सदा दिल को बना मकान रहा

जो बरसने से बहुत डरता था
ऐसा बादल क्यों घमासान रहा

नाजनीनों ने सर्फ़ सर्फ़ किया
दिल मेरा दिल नहीं, सामान रहा

दाग या तो नहीं लगे हम पर
या फिर दर्पण ही मेहरबान रहा

ग़र मैं दोनों को पहेली मानूँ
आदमी से ख़ुदा आसान रहा

कोसता है मेरा ज़मीर मुझे
मैं क्यों पिंजरे में बेज़ुबान रहा

मरहले सबके जुदा थे लेकिन
सबका आख़िर मुक़ाँ मसान रहा

99

कौन सी रुत थी जो भीतर मेरे समाई ना थी

मैंने आँखों में नई दुनिया यूँ बसाई ना थी
तेरी दुनिया में, ख़ुदा, मेरी पजीराई ना थी

जाने कैसे उसे हालात गुनगुनाने लगे
जो ग़ज़ल मैंने किसी को कभी सुनाई ना थी

अब तो महफ़िल में भी तनहा ही नज़र आते हैं
एक था वक़्त कि तन्हाई में तन्हाई ना थी

मेरे हमदम, मैं चल पड़ा हूँ तेरी जानिब, सुन
वो सदा जो तेरे होंठों से निकल पाई ना थी

बड़ा फ़ाज़िल था मैं, बस हर्फ़ ढूँढता ही रहा
जबकि काग़ज़ पे एक तस्वीर थी, लिखाई ना थी

मैं फ़जाओं के लिए छानता रहा जंगल
कौन सी रुत थी जो भीतर मेरे समाई ना थी

100

जिस्म कर दफ़न या जला दुनिया

रुख़ से चिलमन ज़रा हटा दुनिया
अपना चेहरा तो दे दिखा दुखिया

मैं तही-दस्त नहीं आया हूँ
साथ लाया हूँ आईना दुनिया

मुझको दर्स-ए-वफ़ा पढ़ाती है
बड़ी शिद्दत से बेवफ़ा दुनिया

कैसे एक कब्र में समा जाऊँ
मर के आया हूँ सौ दफ़ा दुनिया

इस को तो कैफ़ कर लिया हमने
दर्द हमको दे दूसरा दुनिया

मुझ से मुझ तक की मसाफ़त है ये
तू फ़क़त एक मरहला दुनिया

तुझ पे ईंटों की फ़रावानी है
बुर्ज-ए-इंसानियत बना दुनिया

रूह ने पा लिया ख़ुदा दुनिया
जिस्म कर दफ़न या जला दुनिया

————◦•◦————

तही-दस्त = ख़ाली हाथ

101

इस शहर से चुपचाप सिकंदर निकल गया

हमला किए बिन यादों का लश्कर निकल गया
इस शहर से चुपचाप सिकंदर निकल गया

तस्वीर नई टँग गई नए मकान में
उसमें से पुराना हर एक मंजर निकल गया

पछता रहा है, आदमी कर के, ख़ुदा उसे
कहता है उसके हाथ से 'बंदर' निकल गया

मन्नत का फल मिला तो सही शहंशाह को
शहजादा पर सीरत से क़लन्दर निकल गया

उन को तमीज़ ना रही तरतीब-ए-रखन की
गुलदस्ता निकाला मगर ख़ंजर निकल गया

पीरी ने जब सूराख बनाने शुरू किए
लम्हों में चंद, जर्फ़ से सागर निकल गया

अक्स आईने में देख के खुद का, मुझे लगा
मैं खुद से, खुद में सेंध लगाकर निकल गया

102

मैं शजर काट के कातिल बना लिया खुद को

रूह पे अपनी ही बोझिल बना लिया खुद को
मैं शजर काट के कातिल बना लिया खुद को

वक्त जब आ गया खुद से सवाल करने का
तो आईने में मुक़ाबिल बना लिया खुद को

पढ़ के पूरी किताब हमको ये एहसास हुआ
हमने एक बार फिर जाहिल बना लिया खुद को

अभी चंद रोज़ हुए शब-ए-अमावस गुजरे
माह ने देखो फिर कामिल बना लिया खुद को

आँख इतनी खुली मंदिर में भी, मस्जिद में भी
मयकदे में गए, गाफ़िल बना लिया खुद को

खुद की गुत्थी को खोलने का हुनर ना आसाँ
हमने तो और भी मुश्किल बना लिया खुद को

103

हमने आँखों में रख लिया तुमको

दर्जा मंज़िल का ना मिला तुमको
रब ने रक्खा है मरहला तुमको

हम क़लन्दर हैं, ले के आए हैं
मौत, दिखलाने आईना तुमको

गुल फ़ना हो के बिखर जाएँगे
ख़ुशबू, बख़्शा है सिलसिला तुमको

जल गया मैं तो क्यों दुखी हो तुम
जल के रोशन मैं कर गया तुमको

ख़ुद को फ़ौलाद समझने वालो
ले हवा जाएगी उड़ा तुमको

तुम जुबाँ पे तलाशते थे घर
हमने आँखों में रख लिया तुमको

ना दिया कोई मायना तुमको
ज़िन्दगी हमने बस जिया तुमको

104

मेरे गोशों में वो आए तो गूंजती आए

उसमें काग़ज़ से बनी नाव उतारी जाए
फिर है मुमकिन, सूखे दरिया में कुछ नमी आए

सीख ले तू भी समुन्दर ये लतीफ़ा-गोई
डूबती कश्ती के चेहरे पे कुछ हंसी आए

वो फ़रिश्ता बना रहे तो ना आए मिलने
मिलने आए तो ले वजूद-ए-आदमी आए

अपनी आवाज़ से कहिए ना ले सीधा रस्ता
मेरे गोशों में वो आए तो गूंजती आए

रूह जब तक तुम रहोगी तो ये बेचैनी है
तुम निकल जाओ तो शायद कुछ शांति आए

हाथ मेरे, मेरे औराक, कलम, स्याही मेरी
फिर क्यों ख़ुशबू, मेरी ग़ज़लों में, आपकी आए

साँझ आए तो तमन्ना नई सहर की जगे
और सहर आए तो फिर याद साँझ की आए

105

मुझको सागर खुद मयस्सर हो गए

ज़ाविए से जब क़लन्दर हो गए
मंजर-ए-सहरा समन्दर हो गए

ज़िन्दगी भर पा तले कुचले गए
मर गए तो हम धरोहर हो गए

टिक गए थे घोंसले भूचाल में,
लेकिन ऊँचे दुर्ग जर्जर हो गए

जब अहम को जीत लें तब ही कहें
आप जीवन में मुज़फ़्फ़र हो गए

मैंने काग़ज़ की बनाई नाव तो
मुझको सागर खुद मयस्सर हो गए

हम तुम्हें इल्ज़ाम देंगे और तुम
हम को बोलोगे कि दीगर हो गए

जाविया = दृष्टिकोण

106

जिस्म की इन साज़िशों का क्या करें

आपने कर दी रिफ़ाक़त की पहल
आपकी आजमाइशों का क्या करें

हमको मंदिर में सजा बैठे हो तुम
इन मज़ाज़ी ख़्वाहिशों का क्या करें

उड़ गए सब मोर दिल के सहन से
अब वफ़ा की बारिशों का क्या करें

रूह को छूने की कोशिश में सजन
जिस्म की इन साज़िशों का क्या करें

शहसवार हैं हम, हम अपने अश्व की
नित नई फ़रमाइशों का क्या करें

सैकड़ों साला पुराने मसलके
इन नई पैदाइशों का क्या करें

नूर में तब्दील हों तो बात है
वरना दीपक आतिशों का क्या करें

———•———

मसलके = पन्थ

सहन = आँगन

107

रब इस इंसानियत को नशा दीजिए

लोग पीकर कहें, दूसरा दीजिए
रब इस इंसानियत को नशा दीजिए

ढूँढ लेंगे हमारा पता खुद ब खुद
खोलिए लब, कबूतर उड़ा दीजिए

इन सयानों के लश्कर से कुछ ना हुआ
एक बंदा फ़क़त, सिरफिरा दीजिए

ठहरे सागर से बेहतर तो ये होगा तुम
हमको दरिया रहे जो रवाँ दीजिए

दाग धब्बे अगर रुख़ पे आएँ नज़र
तो ना इन आईनों को सजा दीजिए

ये निगाहें जो हैं आपकी जानेमन
इन को मेरा क़सीदा बना दीजिए

उम्र भर जिन को तुमने पढ़ा ही नहीं
क्यों ना अब उन ख़तों को जला दीजिए

108

चंद लम्हों के लिए हो गई काफिर चिलमन

मूरत-ए-हुस्न को कर बैठी है ज़ाहिर चिलमन
चंद लम्हों के लिए हो गई काफिर चिलमन

हमसे कायनात छुपाने की क़वायद ना कर
रूबरू तेरे है शायर बड़ा शातिर चिलमन

तेरे उस ओर घने गेसुओं की छाया है
धूप में जलता है इस ओर मुसाफ़िर चिलमन

इश्क़ की देवी को पूजा की कशिश रहती है
कर पुजारी को तू दरबार में हाज़िर चिलमन

कोई सरहद कभी लाँघी नहीं जाती हमसे
सिर्फ़ तस्वीर बनाएगा मुसव्विर चिलमन

109

हार में जीत का सेहरा सा नज़र आता है

रंग मटमैला सुनहरा सा नज़र आता है
उसमें जब यार का चेहरा सा नज़र आता है

मेरे साथी, तेरे हाथों से शिकस्ता हो कर
हार में जीत का सेहरा सा नज़र आता है

जब भी ख़ुद से ही मुलाक़ात का मन करता है
आईना बीच से हटता सा नज़र आता है

हर उस व्यक्ति के हृदय तल को टटोला मैंने
जो मुझे हर समय हँसता सा नज़र आता है

दिखने लगती है ज्यों ही रु-ब-रु मंज़िल मेरी
रास्ता मोड़ बदलता सा नज़र आता है

ख़्वाब देखूँ कि मुरझाया हुआ फूल हर एक
मेरे छूने से शगुफ़्ता सा नज़र आता है

110

इस कहकशाँ में माह-ए-कामिल नहीं होता

जलसों में मेरे, दोस्त तू शामिल नहीं होता
इस कहकशाँ में माह-ए-कामिल नहीं होता

इस इश्क़ के मैदान का दस्तूर अलग है
जो हारता है वो यहाँ बुज़दिल नहीं होता

कुछ पल ही मिलो लेकिन मुकम्मल मिला करो
टुकड़ों में जो हासिल हो वो हासिल नहीं होता

मुझको नहीं, जिसने मेरे सपनों को क़ज़ा दी
मुंसिफ़ की निगह में वो क्यों कातिल नहीं होता

हम ताज को मस्तक पे धरे घूमते रहते
ग़र वो हमारी रूह पे बोझिल नहीं होता

जो ओट ले रहा है मेरा ही ज़मीर है
छुप के करे है वार, मुक़ाबिल नहीं होता

माह-ए-कामिल = पूरा चाँद

111

कई बुत, ख़्वाब में, हो कर बड़े वाचाल आते हैं

बदन ले कर नए, हर दिन, पुराने ख़याल आते हैं
कई बुत, ख़्वाब में, हो कर बड़े वाचाल आते हैं

मैं कैसे एक टूटी हुई इमारत को ये बतलाऊँ
कभी दीदार-ए-मलबे को नहीं भूचाल आते हैं

शहंशाहों को भी सफ़ में लगा कर मौज लेता हूँ
मिरी दरगाह पे हो के सभी कंगाल आते हैं

फ़रिश्ते आजकल भी खूब धरती पे उतरते हैं
अमूमन, करने वो लेकिन यहाँ हड़ताल आते हैं

समुन्दर से कहे मछली, तू ना अब पहले जैसा है
अभी हर चंद कदमों पे निकल कर जाल आते हैं

112

परायी हो गई हर गुलबदन ख़्वाबों में आती है

हमारी मुश्त से सरकी हुई कुछ रेत लम्हों की
हमें हैरान करने कस्र बन ख़्वाबों में आती है

जहाँ की बंदिशों की जद से बाहर, मुझसे मिलने को
परायी हो गई हर गुलबदन ख़्वाबों में आती है

मैं दिन की शोरिशों में सुन नहीं पाता जिसे वो ही
तेरे ख़ामोश होंठों की कहन ख़्वाबों में आती है

यकायक नींद में मुझको लगे जुगनू से चमके हैं
निकल भीतर से सीने की जलन ख़्वाबों में आती है

मैं जिस में अपनी तन्हाई के चलते ना करूँ शिरकत
मेरे तक ख़ुद से चल वो अंजुमन ख़्वाबों में आती है

कस्र = महल

113

ना जाने किस जुनूँ में आश्ना को कर खुदा बैठे

इश्क़ में जिसको पाया था, इबादत में गँवा बैठे
ना जाने किस जुनूँ में आश्ना को कर खुदा बैठे

वो तो शुबहा लगा करने खुद ही की धार-ए-नश्तर पे
सितमग़र को ही जाकर हम ज़ख़्म अपने दिखा बैठे

क़लन्दर ने कतब तुर्बत पे लगवाया ये लिखवा कर
कफ़स में क़ैद बुलबुल को ख़ुशी से हम उड़ा बैठे

तमाशा क़ुर्बतों का लाज़िमी करना था महफ़िल में
जहाँ भी जा के हम बैठे तो वो नज़दीक आ बैठे

मैं हूँ खुश-रंग लेकिन अक्स के बारे में क्या बोलूँ
ना जाने कौन सी करवट तुम्हारा आईना बैठे

114

एक जिस्म के हिसार में कंकाल कई हैं

है ज़िन्दगी बस एक पर मलाल कई हैं
हर इम्तिहाँ में छूटते सवाल कई हैं

हमने जम्हूरियत को बनाया नया विक्रम
कांधों पे जिस के चढ़ गए बेताल कई हैं

हर ख़ामुशी पे ग़ौर किया कीजिए हुज़ूर
उसके तले दबे हुए भूचाल कई हैं

होती है कई बार मौत एक गरीब की
एक जिस्म के हिसार में कंकाल कई हैं

आए हो जिस में आप मेरा अक्स उतारने
उस आईने में आते नज़र बाल कई हैं

अब जाने दीजिए क्या ग़ज़ल हम कोई पढ़ें
दरबार में तो आपके कव्वाल कई हैं

115

मौन ऐसा धरा, जिसमें वाणी दिखे

हुस्न-ए-जानाँ की रंगत रूहानी दिखे
दर्पण होता हुआ पानी पानी दिखे

झांक कर मन के भीतर जो देखा, हमें
ठहरे पानी में भी एक रवानी दिखे

कुछ तो है जो तेरे भी परे है बसा
मौत तू मरहला दरमियानी दिखे

लफ़्ज़ से लफ़्ज़ जोड़े चले जाइए
ताकि माला बने और कहानी दिखे

चंचला थी बहुत, चुप कराया उसे
मौन ऐसा धरा जिसमें वाणी दिखे

116

पहले जनाब आप कोई सपना तो देखिए

दीवानगी की मेरी इंतिहा तो देखिए
पिघली हुई चट्टान का धुआँ तो देखिए

बस ज़ख़्म देखते रहे हैं आज तक अपने
है आप के भीतर ही मसीहा तो देखिए

मैं हाथ हिलाता हूँ उसी राह पे अपने
करके ज़रा निगाह को सीधा तो देखिए

हटती ना थीं तुम्हारी, बुलंदी से निगाहें
मिस्मार इमारत का अब मलबा तो देखिए

फ़ुरसत से बैठ कर कभी ताबीर करेंगे
पहले जनाब आप कोई सपना तो देखिए

चंचल नदी को भी कभी गहरा तो देखिए
पानी में उसके अपना ये चेहरा तो देखिए

117

आप भी तो हमें मे'यार बदल देखेंगे

आज हम खुद को कई बार बदल देखेंगे
आप भी तो हमें मे'यार बदल देखेंगे

घर बनाना है मकाँ को तो बदलिए खुद को
ये क्यों कहते हैं कि दीवार बदल देखेंगे

आपका लोभ है जो इनको उछलवाता है
आप कब तक यूँ ही दस्तार बदल देखेंगे

ग़र जो बिकने को हैं तैयार तो धीरज रखिए
लोग हर शै कई बाज़ार बदल दिखेंगे

छूटते जाते हैं मंजर मेरी निगाहों से
ज़िन्दगी हम तुझे रफ़्तार बदल देखेंगे

छोड़ तो रहे हो किनारा मगर ये ख़्याल रहे
छोर दूजा कई मझधार बदल देखेंगे

मे'यार = कसौटी

118

क्यों ना मैं रूह को पलकों पे बिठा के रखूँ

ख़्वाबों को आँखों में भरने की अदा आई है
आज शब तुझको गुजरने की अदा आई है

मेरे सन्नाटों में सूराख किया है किसने
ये किस दरख़्त से कुहू कुहू की सदा आई है

एक नदी को मैंने कलियों सा खिला देख कहा
किस समंदर का बदन छू के हवा आई है

बादशाहों की रिफ़ाक़त से हमें कुछ ना मिला
काम तो अपने फ़क़ीरों की दुआ आई है

मैकदों आज इन पैमानों को छुट्टी दे दो
दिलरुबा भर के निगाहों में नशा आई है

क्यों ना मैं रूह को पलकों पे बिठा के रखूँ
वो मेरे वास्ते जब छोड़ ख़ुदा आई है

119

सैलाब की राहों में कोई सरहद नहीं होती

जिस्मों पे ठहर जाए वो चाहत नहीं होती
सैलाब की राहों में कोई सरहद नहीं होती

बाँके बिहारी कुछ तो शब्द बोल दीजिए
अब हमसे इन बुतों की इबादत नहीं होती

दस्तूर क़त्ल-ए-आम के क़ायम हैं यहाँ पर
यहाँ ख़ुदकुशी करने की इजाज़त नहीं होती

उस मुल्क में बसने से गुरेजाँ सदा रहना
जिस मुल्क की क़ौमों से बग़ावत नहीं होती

ये ज़िन्दगी है जो सदाएँ दे रही पैहम
ग़र मौत बुलाती, कोई मोहलत नहीं होती

चेहरे पे ही तमाम निशानात खोजिए
आईनों की किसी से अदावत नहीं होती

—•—

पैहम = लगातार

120

कहता है छाँव तो बना पर धूप ना बना

महबूब बनाया है तो मा'बूद ना बना
मा'बूद बनाए तो फिर महबूब ना बना

कैसी अजीब माँग है बन्दे की ख़ुदा से
कहता है छाँव तो बना पर धूप ना बना

माना मेरी म्यान में तलवार रखी है
पर हर क़त्ल का मुझको ही मशकूक ना बना

दुनिया कभी बनाओ ख़ुदा ग़र जो दूसरी
बारूद मत बनाइयो, बंदूक़ ना बना

दर कल को बनाना पड़ा तो होंगी मुश्किलें
दीवार इतनी आज तू मज़बूत ना बना

———— ·•·◦·•· ————

मा'बूद = जिसे पूजा जाए

121

कतरों के तसव्वुर में समंदर मिले हमें

संसार नए, आँखों के अंदर मिले हमें
कतरों के तसव्वुर में समंदर मिले हमें

तारीकीयों के दिल जो टटोले गए, उनमें
महफ़ूज़ रखे धूप के मंजर मिले हमें

स्याही वही, कलम वही, औराक वही थे
लफ़्ज़ों के बदन रूह बदल कर मिले हमें

तनहा चले थे उम्र भर हम ख़ाकनशीं फ़र्द
अंतिम सफ़र में साथ सिकंदर मिले हमें

कहने को तो शहर ये मुकम्म्मल आबाद है
उजड़े हुए चमन यहाँ घर घर मिले हमें

दौरान-ए-क़त्ल अपने घरों में जो बंद थे
वो सारे तमाशाई सड़क पर मिले हमें

जन्नत तो उसी रोज़ हमें हो गई हासिल
जब आप बरसों बाद तड़पकर मिले हमें

———•◆•———

तारीकियाँ = अँधेरे

122

चाहत के समंदर बस दो प्यालों में आ गए

दिल में बसे थे आपके, ख़्यालों में आ गए
ऐसा लगा तिमिर से उजालों में आ गए

एक दिन के लिए दी गयीं आँखें दरख़्त को
कितने अज़ीज़ चेहरे कुदालों में आ गए

मस्जिद में ख़ुदा तुम जब नहीं आए नज़र तो
तेरी तलाश में हम शिवालों में आ गए

मंज़िल की तमकनत तो रही ताज में मगर
राहों के निशाँ पाँव के छालों में आ गए

ना हम तुम्हें मिले ना तुम मिल पाए हमें ही
हम एक दूसरे के मलालों में आ गए

आँखों की तिशनगी की इंतिहा तो देखिए
चाहत के समंदर बस दो प्यालों में आ गए

123

यादों के वास्ते कोई पुराना सामान रख

सजदा लगा रहा है तो सजदे में ध्यान रख
जुज्दान में नहीं, अली, दिल में क़ुरान रख

सय्याद तूने क़ैद तो बुलबुल को कर लिया
बस इल्तिजा ये है ना इसे बेज़ुबान रख

तुमने नए मकान में हर चीज़ बदल दी
यादों के वास्ते कोई पुराना सामान रख

हाकिम को चाहे जितना भी महान तू बता
लेकिन ख़ुदा को थोड़ा सा ज़्यादा महान रख

ऊँचाई का सबने रखा, तू भी गुमान रख
बस मशविरा ये है कि निगह में ढलान रख

124

मरासिम की हर एक मुश्किल पहेली की सरल मैंने

बनाए हैं यहाँ की रेत पर जो आज कल मैंने
तसव्वुर में कई बरसों रखे थे वो महल मैंने

कटाता ही रहा हूँ सर मैं सच्चाई का दामन थाम
कभी तलवार के डर से नहीं बदली शकल मैंने

सुबह हो, शाम हो या रात बस घुड़दौड़ जारी है
यहाँ ख़ाली पड़े देखे हैं सारे अस्तबल मैंने

ख़ुदा भी क्या ग़ज़ब शायर है ये तब ही समझ आया
पढ़ी जब आईने में उसकी लिखी हुई ग़ज़ल मैंने

हमेशा मान कर शर्तें ओ शिकवे अनकहे जो थे
मरासिम की हर एक मुश्किल पहेली की सरल मैंने

125

मंज़िल वो, जहाँ से नई शुरुआत हुई है

तितली से गुफ़्तगू बड़ी बेबाक़ हुई है
बाक़ी सभी से सिर्फ़ रवायात हुई है

रहते हैं मेरे साथ मेरे बन के हमसफ़र
उनसे तो बस ख़्वाबों में मुलाक़ात हुई है

चारों तरफ़ रख आइने, मरकज़ में रहे हम
यूँ शब-ए-तन्हाई, शब-ए-बारात हुई है

मंज़िल वो नहीं जिस पे सफ़र ख़त्म हो गया
मंज़िल वो, जहाँ से नई शुरुआत हुई है

कमरे में बंद हो के बड़ा नाची गुजरिया
बाहर खुली हवाओं में मो'हतात हुई है

—◦•◦—

मो'हतात = सावधान

126

ज़िन्दगी पे मेरा फिर भी ग़रूर क़ायम है

तख़्त-ए-ताऊस, वही कोह-ए-नूर क़ायम है
वजूद मेरा तुझसे होके दूर क़ायम है

हज़ारों मर्तबा देखे हैं जनाज़े मैंने
ज़िन्दगी पे मेरा फिर भी ग़रूर क़ायम है

अलग अन्दाज़ में लिखी है ग़ज़ल मैंने, पर
नई नस्ल में पुराना श'ऊर क़ायम है

दीया बुझा है कई लौ नई जलाकर ही
अजल से आज तलक ये फ़ितूर क़ायम है

रक़्स करती हैं जहाँ पे मदहोश तलवारें
वहाँ पे सिर्फ़ सर-ए-जी हुज़ूर कायम है

127

मैं बेहिज़ाब शक्ल से हिजाब हटाऊँ

चेहरे से तेरे काग़ज़ी गुलाब हटाऊँ
मैं बेहिज़ाब शक्ल से हिजाब हटाऊँ

दिल की इबारतों को जो पढ़ना है मुझे तो
ज़ेहन में सज रही हर एक किताब हटाऊँ

दुनिया को दिख रहा है जो ये ताज सा सर पे
मैं उसको हटाऊँ जैसे जुराब हटाऊँ

भर देती हैं मेरा भी वो ख़ाली पड़ा बर्तन
मैं कैसे तेरी चश्म-ए-तर से आब हटाऊँ

हुक्काम से ख़ैरात में हासिल किए हुए
मैं आज अपने घर से सब ख़िताब हटाऊँ

ओहदे तू अपने पास ही रख ले सब शहंशाह
मुझको दे इजाज़त, तेरा नक़ाब हटाऊँ

128

चल तुझे आज मैं ग़ज़लों का बदन देता हूँ

तू है मूरत तुझे मैं फिर से जीवन देता हूँ
चल तुझे आज मैं ग़ज़लों का बदन देता हूँ

गुनगुनाती हैं रुबाई तो शरारे निकलें
हिमशिलाओं को मैं सीने में अगन देता हूँ

तर्जुमा आता है करना हर इबारत का मुझे
मैं तुझे आज तेरा पढ़ के ये मन देता हूँ

हुस्न देता हूँ मैं फूलों को, भ्रमर को शिद्दत
मैं मोहब्बत को बना सब्ज़ चमन देता हूँ

रब कहे, जीस्त को जलसे की वजह मान बशर
हर किसी शय को ना मौक़ा-ए-जशन देता हूँ

प्यास देता हूँ समुन्दर को भी चाहत की मैं
मैं जब नदियों को एक एहसास-ए-दुल्हन देता है

129

मुर्दे उठे और बाहर कब्र से निकल गए

ताक़त पे जिसकी था मुझे गुमान बेहिसाब
लम्हों में उसी मुश्त से अरसे निकल गए

दे दे सनम को कोई जनाज़े की इत्तिला
कह दो उसे कि जानेजाँ घर से निकल गए

बंजर ना बताएँ हमें वो बेवफ़ा बादल
आए तो थे लेकिन बिना बरसे निकल गए

हम ने तो जब बुतों से कीं बातें उड़ान की
ऐसा लगा कि उनके भी पर से निकल गए

रोके गए लबों पे जब इज़हार-ए-मोहब्बत
वो राह बदल आँखों के दर से निकल गए

चेहरा दिखा तो फिर से धड़कने लगीं यादें
मुर्दे उठे और बाहर कबर से निकल गए

130

खामोशियों के बोल बिगड़ते चले गए

लफ़्ज़ों को आईनों के बदन जब से दे दिए
सब महज़बीन ख़त मेरे पढ़ते चले गए

ख़ुशबू की तरह मुफ़्त में बंटने लगे जो हम
तो सब की जबाँ से मेरे चर्चे चले गए

मझधार की जानिब ज्यों ज्यों रवाँ हुई कश्ती
त्यों त्यों किनारे उससे बिसरते चले गए

सूखा नहीं है ये शजर बस एक रात में
हम बर्ग बर्ग, टूट, बिखरते चले गए

खामोशियों के बोल बिगड़ते चले गए
ये फ़ासले दरम्यान के बढ़ते चले गए

बर्ग = पत्ता

131

अर्श मिलता नहीं बस पंख निकल आने से

बुझ ना जाएँगे फ़क़त आँधियाँ आ जाने से
ये चरागाँ हैं आफ़ताब के घराने से

उड़ान के लिए दरकार है जुनूँ की भी
अर्श मिलता नहीं बस पंख निकल आने से

मैंने जो दुनिया गँवायी थी तुझे खो कर कल
पूरी वापस ना मिली आज तुझे पाने से

वो जो दीवार एक ख़ामोश खड़ी है कब से
दर निकल आएँगे उस में, ज़रा बतियाने से

रात भर गूंजी है मयक़द में वो आवाज़ मेरी
लौट आई थी जो टकरा के सनमखाने से

132

आज शबनम में शरारे भी थे, जल जाते तुम

वक़्त इतना नहीं मिलता कि संभल जाते तुम
आज शबनम में शरारे भी थे, जल जाते तुम

यूँ मलालों में ज़िंदगी नहीं गुजरी होती
ग़र जब दुनिया नहीं बदली तो बदल जाते तुम

बेवफ़ाई का हुनर तुम में नज़र आया है
शर्तिया, इश्क़ के बाज़ार में चल ज़ाते तुम

पीते रहते हो ज़हर जिसका तुम हर दिन भोले
इससे बेहतर था कि वो सांप निगल जाते तुम

तुम वो पत्थर थे जिसे आँख में रखता ग़र कोई
अश्क़ बन जाते, लम्हों ही में पिघल जाते तुम

133

जो रेत पे थीं मछलियाँ, पानी में आ गईं

लफ़्ज़ों में बदन, रूहें म'आनी में आ गईं
यूँ शख़्सियतें हज़ार, कहानी में आ गईं

मैंने कब्र मुमताज़ की चूमी थी गफलतन
चन्द इश्क़ की लकीरें पेशानी में आ गईं

क्या मुझमें दिख रहा था उन्हें कोई समुन्दर
ठहरी हुई नदियाँ जो रवानी में आ गईं

आँखें प्रिया की देख के मुझको मचल पड़ीं
जो रेत पे थीं मछलियाँ, पानी में आ गईं

जाड़े की नरम धूप की मासूम सी कलियाँ
मधुमास जो गिरा तो जवानी में आ गईं

134

वो नज़रों से मुझे ख़त लिख रही है

तुम्हारी सोच में सिलवट है वो ही
मेरी चादर पे तुमको दिख रही है

हुए बाज़ार में ओहदे तो महँगे
मगर अब रूह सस्ती बिक रही है

कलम, काग़ज़ पे पाबन्दी लगी तो
वो नज़रों से मुझे ख़त लिख रही है

जहाँ पे हाथियों ने हार मानी
वहाँ पे एक चींटी टिक रही है

जिसे मैंने पूरी दुनिया में ढूँढा
मेरे घर में ही वो साज़िश रही है

मिलन है आग पानी का अनोखा
तुम्हारे अश्क़ में आतिश रही है

अंधेरों से हुई महरूम आँधी
चिराग़ों को हवा माफ़िक़ रही है

हिज्र में चैन की गंगा बही है
वस्ल में तो सदा झिक झिक रही है

135

ये ग़ज़ल थोड़े है, परिवार बनाया तुमने

ख़ाली पैमाने को दुल्हन सा सजाया तुमने
मयकशी का नया मे'यार बनाया तुमने

ज़ख़्म देने थे तो नश्तर हमें चुभो देते
इश्क़ को किसलिए तलवार बनाया तुमने

तुमने पानी से जलायीं हैं मशालें कैसे
आंसुओं को कैसे अंगार बनाया तुमने

सारे अश'आरों में रगबत सी नज़र आती है
ये ग़ज़ल थोड़े है, परिवार बनाया तुमने

देख लेते हो कभी खुद से तुम बाहर अपने
पिंजरा थोड़ा तो हवादार बनाया तुमने

तेल से रखा है महरूम चिरागों को मगर
इन हवाओं को गुनहगार बनाया तुमने

136

जो छुरी है उसे शमसीर बनाया जाए

चाहिए हर किसी नश्तर को एक ऊँचा मनसब
जो छुरी है उसे शमसीर बनाया जाए

आप महबूब तो क़बूल हो गए हैं मगर
क्या ज़रूरी है कि तक़दीर बनाया जाए

जो पढ़ी जाए किसी बंद लिफ़ाफ़े में भी
रूह तुझको वही तहरीर बनाया जाए

मेरे भीतर के शरारों को नुमू होने दो
इन जुगनुओं को ना तनवीर बनाया जाए

सफ़ेदपोशों के क़ब्ज़े में जर्मीं है सारी
आसमाँ चल तुझे जागीर बनाया जाए

लोग तो इनकी नुमाइश का मज़ा लेते हैं
मेरे ज़ख्मों को ना तस्वीर बनाया जाए

रोकता ही नहीं मझधार में जाने से हमें
मेरा साहिल मेरी ज़ंजीर बनाया जाए

इश्क़ कहता है मसर्रत तो काफ़ूराना है
उसको तो दर्द-ए-जिगर, पीर बनाया जाए

मसर्रत = ख़ुशी

137

क़ाफ़िला क्यों ना सर-ए-राह बनाया जाए

मंज़िल-ए-इश्क़, तुझे ऐसे भी पाया जाए
इन रक़ीबों को गुजरगाह बनाया जाए

दिल-ए-बर्बाद हो गया हूँ पर भरम के लिए
मुझे चेहरे से शहंशाह बनाया जाए

बेचनी हैं तुम्हें ग़र फ़र्ज़ी घटाएँ अपनी
रुई के बादलों को स्याह बनाया जाए

बहुत वीरान रहा है ये महल सारी उमर
अब इसे तोड़ कर दरगाह बनाया जाए

छीना जाएगा तुम्हें मुझ से हसद के चलते
दर्द तुमको अब मेरी चाह बनाया जाए

भले तनहा ही शुरू हो एक मुसाफ़िर का सफ़र
क़ाफ़िला क्यों ना सर-ए-राह बनाया जाए

138

जाने कब जिस्म की सरहद से गुज़र जाते हैं

आपके लम्स सर-ए-रूह नज़र आते हैं
जाने कब जिस्म की सरहद से गुज़र जाते हैं

बर्फ़ के बुत को जो सीने से लगा बैठे तो
यूँ लगा आग के पर्वत से गुजर जाते हैं

वो खुदा कम, ज़्यादा महबूब हो गए तो हम
दौर-ए-मुश्किल-ए-इबादत से गुज़र जाते हैं

दिल-ए-वीरान पे रूकते ही नहीं पल भर भी
कारवाँ नज़रों के, सूरत से गुजर से जाते हैं

खण्डहर हो गई मीनार तो भूचाल सभी
बिना देखे ही, शराफ़त से गुजर जाते हैं

139

फ़ासलों के बदन कुरबत से निकल आए हैं

साँस लेनी थी तो महबस से निकल आए हैं
हम बड़े लोगों की सोहबत से निकल आए हैं

इश्क़ की डोर ने खल्वत से यूँ खींचा हमको
जैसे पानी किसी पनघट से निकल आए हैं

आज दस्तक का सहारा हमें लेना ही पड़ा
बाब फिर से तेरी चौखट से निकल आए हैं

सूरत-ए-हाल तेरी रात की बेचैनी के
चादरों पे पड़ी सलवट से निकल आए हैं

कल हुए थे रिहा इजलास से, वोही कातिल
आज तो बच के क़यामत से निकल आए हैं

जब उतारे गए ये भारी पैरहन उनके
फ़ासलों के बदन कुरबत से निकल आए हैं

140

थाम कर हमने कलम कुछ तो सँवारी दुनिया

हमने पलकों पे सितारों से उतारी दुनिया
रात को नींद में पायी है हमारी दुनिया

तुमने तलवारों से बस शक्ल बिगाड़ी उसकी
थाम कर हमने कलम कुछ तो सँवारी दुनिया

मीठे पानी की नदी मिलती रहीं हैं इसमें
हो गई फिर भी समंदर बनी खारी दुनिया

मुझ को पासे की तरह फेंकती रहती है सदा
रखती है खेल ये शतरंज का जारी दुनिया

मुझको एक बीज से पहले तो बनाया है शजर
अब कत'अ करने को ले आई है आरी दुनिया

141

मैंने ख़ुद से और दरख़्तों से शनासाई की

जिस बज़्म में हज़ारों ने आशनाई की
उसी में हमने लिखी दास्ताँ तन्हाई की

जिसने कस्दन मुझे खाई में दिया था गिरने
उसी ने मेरे जनाज़े की रहनुमाई की

जिसे किया गया जिबह वो हमसे ये बोला
यहाँ पे ईद मनी है सिर्फ़ कसाई की

शब-ए-स्याह में ना जाने बातियाँ कितनी
देखती रहती हैं राहें दियासलाई की

क़ज़ा मिली तो फ़क़ीरा भी रो पड़ा, मैं भी
घड़ी थी वस्ल की उसकी, मेरी जुदाई की

कदम कदम पे मिली मुझको सफ़र में मंज़िल
मैंने ख़ुद से और दरख़्तों से शनासाई की

—◆—

शनासाई = पहचान

142

कुल्हाड़ियों की ज़रा धार संवर जाने दो

ये गुनाहों का हसीं दौर गुज़र जाने दो
कुफ़्र में थोड़ा समय और गुज़र जाने दो

ना जाने कितनी मछलियाँ तड़पती पाओगे
अभी ये ज्वार समंदर का उतर जाने दो

शजर को घाव नए फिर से दिये जाएँगे
कुल्हाड़ियों की ज़रा धार संवर जाने दो

यार लोगों क्यों जनाज़े के पर लगाते हो
अपने कांधों पे कुछ आराम तो कर जाने दो

क्या नजारा था प्रभु बोल गए केवट को
तुमको तारूँगा मगर मुझ को तो तर जाने दो

मेरी आँखों को मिस्ल झील की कहने वाले
तुम समुन्दर हो, उसे झील में भर जाने दो

143

हर दिल में थे आँगन, कोई दीवार नहीं थी

जन्नत ही कहूँगा मैं उस दयार को जिसमें
हर दिल में थे आँगन, कोई दीवार नहीं थी

जिस चीज़ के डर से मैंने एक इश्क़ गँवाया
वो सिर्फ़ थी चिलमन, कोई दीवार नहीं थी

यूँ रूह ने बतलाया था जिस्मों का तजरबा
था नेह का बंधन, कोई दीवार नहीं थी

प्रतिबिम्ब मेरा उसने दिखाया तो ये जाना
वो नैन थे दर्पन, कोई दीवार नहीं थी

मंदिर के बंद पट हुए तो ध्यान लगाया
हो गए प्रभु दर्शन, कोई दीवार नहीं थी

हाइल तो ज़ियारत में मिले पर वो सभी थे
बस राह के पाहन, कोई दीवार नहीं थी

————◆————

हाइल = रोक

144

हमने तन्हाई भी जन्नत कर ली

खुद से खुद तक की ज़ियारत कर ली
हमने मजहब से बग़ावत कर ली

रूह पर भीड़ बिखर जाएगी
ग़र जो जिस्मों ने सजावट कर ली

खुद को समझा ना आज तक मैं मगर
मुझ पे लोगों ने महारथ कर ली

दफ़्न हो गए सबूत घूँघट में
महजबीनों ने शरारत कर ली

आज तक हम से किसी दर्पण ने
ना कहा, तूने क्या हालत कर ली

जिस के बेटा ना हुआ, उस नृप ने
जाके दरगाह पे मन्नत कर ली

महफ़िलें रश्कज़दा हैं हमसे
हमने तन्हाई भी जन्नत कर ली

145

इश्क़ तूने दिया, तू दूसरा ख़ुदा होगा

जिस्म सट जाएँगे, दिलों में फ़ासला होगा
सूरत-ए-हाल हर महफ़िल का एक सा होगा

ज़िन्दगी जिसने मुझे दी वो तो पहला है मगर
इश्क़ तूने दिया, तू दूसरा ख़ुदा होगा

सिर्फ़ पेशानी पे लिखवा के ये गुमान ना कर
आइन्दा जो भी घटेगा वो तयशुदा होगा

शहंशाह तेरे जनाज़े की गुजरगाहों पे
जश्न जारी मगर झंडा हर एक झुका होगा

रूह मेरी ख़ुदा की, जिस्म ख़ाक का होगा
जो तख़्त ओ ताज बचेगा वो आपका होगा

146

वो कदम भर ही चली मुझ को भूल जाने में

हमारे अक्स दिखेंगे हर एक पैमाने में
हम पुजेंगे जो अगर जाएँगे मैखाने में

मेरे काग़ज़ पे तुमने मेरी कलम से लिखा
हम अपना ज़िक्र ढूँढते रहे अफ़साने में

आर या पार का हो जाए सफ़र ये मेरा
मरहला कोई बनाना नहीं दरम्याने में

क्या ख़ुदा उसको तुम दर्जा-ए-इबादत दोगे
मैं ग़र नमाज़ पढ़ गया हूँ सनम-खाने में

मैं कई मुक़ाम से गुजरा था जिसे पाने में
वो कदम भर ही चली मुझ को भूल जाने में

❖

सनम-खाना = मंदिर

147

सागर हो मेरा जाता है

नाराज़ समुन्दर है इतना
डूबा हर बेड़ा जाता है

मैं जब काग़ज़ की नाव बना
सागर हो मेरा जाता है

नागिन बेचैन, नचा उसको
किस सम्त सपेरा जाता है

उजियारे ठुकरा गए हमें
ले संग अंधेरा जाता है

'हम' होने में खर्चा कुछ नहीं
बस तेरा-मेरा जाता है

चल प्यार करें, पूजा करने
हर ऐरा-गैरा जाता है

148

तुम्हें खो कर मुकम्मल हो गया हूँ मैं

तनिक रो कर मुकम्मल हो गया हूँ मैं
तुम्हें खो कर मुकम्मल हो गया हूँ मैं

जनाज़े भर, मैं एक टूटा हुआ घर था
नहा धो कर मुकम्मल हो गया हूँ मैं

बज़्म में मेरे कई टुकड़े हुए लेकिन
तनहा हो कर मुकम्मल हो गया हूँ मैं

चमन को लूट कर भी था अधूरा पर
तुख़्म बो कर मुकम्मल हो गया हूँ मैं

दिहाड़ी नए जनम की रब मुझे दे दे
ज़रा सो कर मुकम्मल हो गया हूँ मैं

तुख़्म = बीज

149

रूह दुल्हन बनी और जिस्म बस कहार हुआ

'ज़िन्दगी' नाम का ऐसा भी एक करार हुआ
रूह दुल्हन बनी और जिस्म बस कहार हुआ

मैं हूँ सजदे में तो सवाल सर उठाता है
जो मुझे खोज के लाया, वो क्यों फ़रार हुआ

आज पत्थर हूँ, कभी काँच का बना था मैं
मैं टूट टूट बारहा, यूँ उस्तुवार हुआ

हमारे इश्क़ ने ऐसे भी वस्ल देखे हैं
कि वो मौजूद रहे फिर भी इन्तज़ार हुआ

हम रहे आपकी और आप थे मेरी मन्नत
इसलिए आपसे मिलना सर-ए-मज़ार हुआ

बहारखेज़ हैं ये तेरी नर्गिसी आँखें
एक कतरा चन्द लम्हों में आबशार हुआ

ख़्वाब ज़िद्दी था रूखसती को ना तैयार हुआ
नींद टूटी तो बदल रूप वो खुमार हुआ

उस्तुवार = टिकाऊ

www.ingramcontent.com/pod-product-compliance
Lightning Source LLC
Chambersburg PA
CBHW051238130726
47988CB00001B/399